家のダイニングテーブルで仕事をする際、食事時には必ずテーブルの上をリセット。仕事と休息時間のメリハリがつくように気を配っています（P16）。

上：美容については、肌質が似ている人の情報が頼り。やさしくいたわって（P152）。
下：睡眠の質を向上させるために、まずは寝室の環境を整えます（P80）。

クローゼットはいつも開けっ放し。そのほうが整えようという気になるからです。
適量を守って、パーソナルカラーを参考にして服を選んでいます（P172）。

やるべきことを終えたら、間接照明をつける。それが私のお疲れさまのスイッチ。
暖かな色の光が室内をほのかに照らして、リラックスさせてくれます（P56）。

上：ノートから乗り換えたのは、ルーズリーフ。書く愉しみを味わえます（P60）。
下：15 年つき合っている本棚。書籍用にあつらえたため、ぴったり収まって（P54）。

朝昼晩、何かにつけて、お茶を淹れては飲んでいます。
お茶まわりの三種の神器も揃って、ますますお茶の時
間が待ち遠しい（P68）。

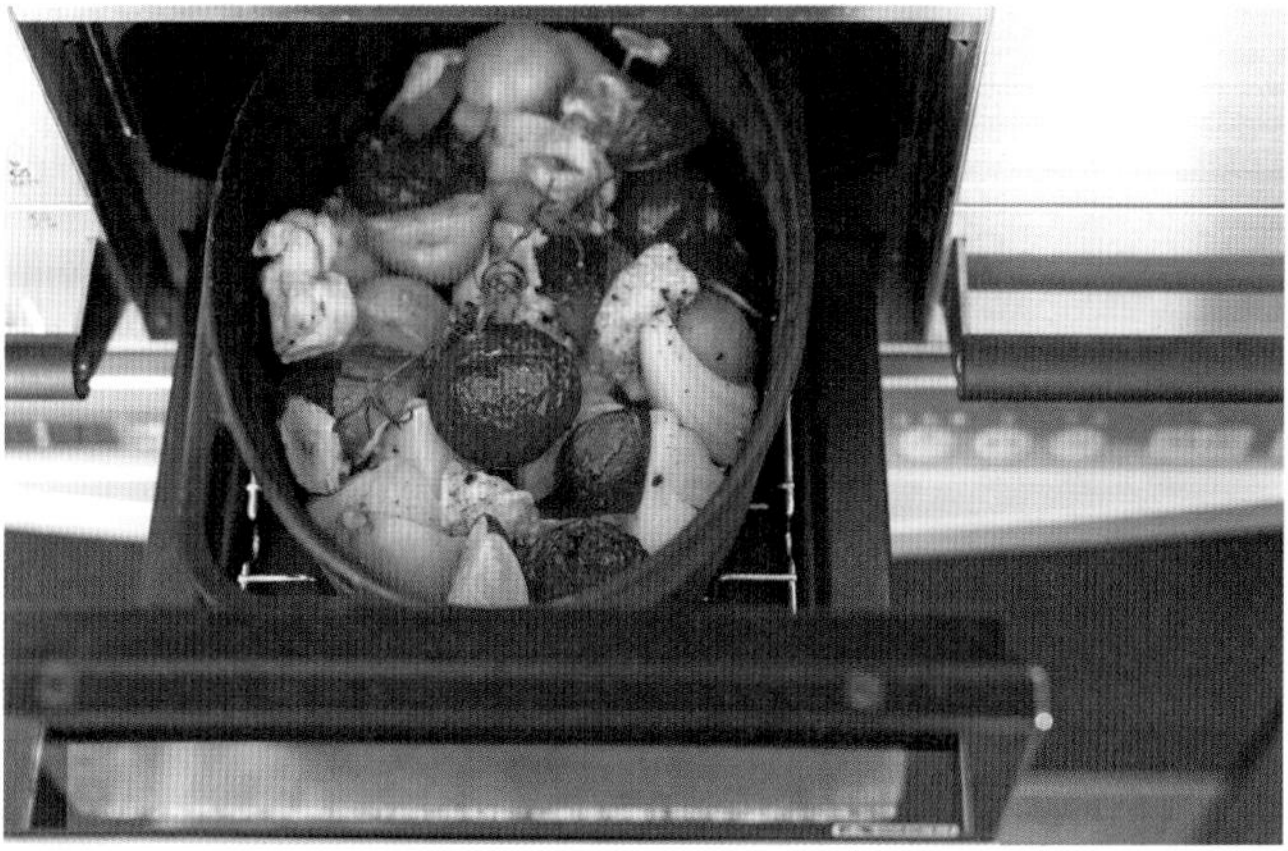

上：最近は、魚焼きグリルにダッチオーブンを入れて調理するのがブームです（P84）。
下：はじめてらっきょう漬けを作ったら、まぁなんて美味しいこと（P102）。

引き出しは、中身がすべて見えるようにしまうと、探し物と無縁でいられます。
下ごしらえの道具など、同じ場面で使うものを一か所にまとめて。

だいわ文庫

おうち時間のつくり方

毎日が充実する82の工夫

柳沢小実

大和書房

はじめに

２０２０年は、世界中の人がこれまでの働き方や生活スタイル、家族観などをアップデートすることになった、起点の年になりました。

この本は、読売新聞で２０１７年４月～２０２０年３月に連載された「軽やか生活」を１冊にまとめたもので、当初はもう少し後に出版される予定でした。しかし、コロナ禍で生活習慣や価値観が激変。この時期に感じたことや前向きに暮らすためのアイデアを伝えたいと、スケジュールを前倒しして２０２０年秋にお届けすることにしました。そのため、この先を見つめた「これからどう暮らしていくか」というテーマの書き下ろしも、多数収録されています。

突然降ってわいた「おうち時間」。もちろん不安や不便さはありましたが、同時に、暮らしに真っ向から取り組むのはなんて面白いのだろう、とも感じました。

元々は、丁寧に暮らすことを好んでいるにもかかわらず、あまりに多忙な日々が続いたために、「時短」や「手軽」、「合理的」であることを優先させてきました。それが、世界的に移動や日々の行動さえも制限されてふと立ち止まったら、自分が本来どのように暮らしたかったかが見えてきたのです。

逆境下ともいえる期間中は、暮らしのテコ入れとばかりに生活習慣を修正したり、家しごとに没頭して、日々の営みを積み重ねていました。それによって生活の質も上がり、先が見えなくて不安だった心も支えてくれて。また、手をかけるほどに次から次へと発見や刺激があり、そこで得たたくさんの新しいアイデアもこの本に潤沢に盛り込めました。

これからは物質的な豊かさや他者からの評価ではなく、たとえばごはんを作って食べたり、居心地良く部屋を整えたり、1日15分間近所を散歩する。そのような、なんでもないことこそが意味を持ち、きちんと生きている人という信頼になります。実直な暮らしぶりが、ものをいうのではないでしょうか。

人に判断を委ねず、年齢に囚われず、ものを持ちすぎず、リスクに備えて、常に自分を更新して、軽やかでいよう。

さらなる時代の変化にしなやかに乗っていくためにも、心の可動域を広げたい。ストレッチを続けていくと硬い身体が少しずつ柔らかくなるように、願えばきっとなりたい自分に近づけるはずです。

Part 1 変わる暮らしの中で

Part 2 暮らしを支えてくれるもの

Part 3 おうち時間を豊かに

Part 4 季節の楽しみ

Part 5
毎日の小さな気づき

Part 6 暮らしの新陳代謝

Part 1

変わる暮らしの中で

料理のテコ入れ

「今日は味が決まっているね。美味しい」

毎日料理を作りつづけて、十数年。その間には、どうにも作る気がおきない日も多々ありました。それでも騙し騙し、なんとか料理を作ってきましたが……、ある時レシピに忠実に作ったら、夫がこのように言ったのです。

そういえば、以前はもっと真面目にレシピ通りに作っていました。それが慣れるにつれて慌ただしく自己流でちゃちゃっと作れるようになり、また、味つけも目分量でするため、いつのまにか自分好みの薄味傾向になっていたようです。聞いたところによると、人が美味しいと感じる塩分濃度は0・6〜0・8％前後だそう。今後は、健康と美味しさのちょうどいいバランスを探っていきます。

料理が日々のルーティーンになると、楽しみというよりむしろ、義務感で作ることが

増えます。「お店じゃないから」と言い訳をしながら、知らず知らずのうちに手を抜いていたのかもしれませんね。

気づいた時が、見直しのタイミング。テレビ番組「きょうの料理」や「3分クッキング」、各料理雑誌で紹介されているレシピは、基礎固めはもちろんのこと、再勉強にも適しています。初心に帰るために、服部栄養専門学校の調理師科で学んで料理研究家になった重信初江先生のレシピ本を手に取り、かたっぱしから作っていきました。

そうしたら、だんだんと料理を作りはじめた頃の新鮮さがよみがえってきて、押さえるべきポイントや小さなコツ、他の料理にも役立つ味つけの黄金律を、あらためて体に叩き込むことができました。

日々の家事でなにより難しいのは、やる気を持続させること。優れたレシピに学びながら、今後も向き合っていきたいです。

後日談

料理を習っている有元葉子先生をはじめ、平野レミさんや栗原はるみさん、高山なおみさんのレシピ本も、作るたびに学ばせていただいています。料理番組のようにあらかじめ調味料を計量しておくと、味つけがぶれません。

家で仕事をするコツ

家での仕事歴は17年、筋金入りの在宅勤務者です。家で仕事をする上で重要なのは、「ルーティーンを決めて、タイムスケジュール通りに生活する」ことと、「場所でスイッチを切り替える」こと。ちなみに、私の平日のタイムスケジュールは、

7時　起床、朝食、軽い運動とシャワー、お茶をいれる
9・10時〜　仕事開始
12時〜　昼休み。昼食を作る、食べる、片づけ
13時〜　仕事
18時頃　仕事終わり。夕食後は、読書、映画、ストレッチなど
22時頃　お風呂
0時　就寝

ほぼ毎日こんなかんじ。不規則な生活をしていると仕事のパフォーマンスが明らかに下がるため、あらかじめタイムスケジュールを決めています。午前中のうちに集中力を要する仕事を終えて、午後は勉強や読書をしてすごすのが理想。作家の村上春樹さんの影響もあるかもしれません。

そして何より「仕事をしすぎない」ように気をつけています。家が仕事場だと通勤がないためにオンオフの切り替えがしにくく、仕事と生活の境界線があやふやになりがちです。それはつまり、仕事に侵食されやすくなるということ。だから、きちんと時間で区切って、頭と身体を休めるようにつとめています。

友人たちも同様に、どんなに仕事に忙殺されてもランニングや散歩は欠かさず、1日1回は家の外に出てリフレッシュしているようです。

ちなみに夫も在宅勤務の日は、部屋数がないのと会議が多いため私のワークスペースを夫に譲って、私はダイニングテーブルで仕事をしています。気を配りたいのは、食事や休憩のとき。片づけないとオフィスのデスクで食事をしているような気分になるため、テーブルの横にスツールを置いて、面倒でも必ずそこにノートPCや資料を移して、テーブルをリセットしています。

部屋着こそ、好きなものを

家にいるときは、なおさら天然素材の服が着たくなる。肌あたりがよく、汗を吸収し、さらっとした手触り。冬はやわらかく身体を包みこむ。家はもちろん近所まで買い物にも出られて、オンラインのやりとりで映ってもちょっといい雰囲気。そんな服を求めています。私は家で仕事もするので、それらに加えて〝ラフすぎない〟という条件も加わります。

家では立ったり座ったり家事もしたりとちょこまか動き回るから、実は部屋着には、外出着とはまた違った機能性が必要です。たとえばロング丈のスカートなどは、裾さばきがもたついて、私には向いていないみたい。そのため、膝くらいの丈のワンピースかゆったりとしたパンツを履くことが多いです。パンツは動きやすさはもちろんのこと、座り仕事でじっとしていて足元が冷えるのをガードしてくれます。

秋から春にかけては、ニュージーランドのスポーツウェアブランド・アイスブレーカーの、メリノウール素材のスウェット「リアルフリース」シリーズを愛用中です。オフホワイトとネイビーの2枚を着まわしていて、ほぼこれだけですごしているかも。ゴロゴロしたり、そのまま寝てしまったりと相当酷使しても、ひとつも毛玉ができません。世の中のすべてのセーターはこれを見習ってほしいです。まったくへタる気配はなく、信頼感ゆえに、きっと今年も買い足すでしょう。

外出用の服は、人からどう見られるかを気にしながら選んでしまう。でも、部屋着は外に着ていくにはちょっと派手だったりかわいかったりと、純粋に惹きつけられる服も着られます。せめておうちでは、好きなものを好きなように。そうやって、自分らしさを見失わずにいたいですね。

外出着にばかり気を取られて部屋着をほとんど持っていなかったので、しばらく部屋着強化月間にして、こちらにも予算をかけてみましょう。外で着るにはなかなか勇気が出なかったサーモンピンク色のパンツや、ミント色のワンピースなど、心が浮き立つ色にもトライしてみたい。ラフでおしゃれな部屋着を探したいです。

やりくり上手になりたくて

毎月末に家計の集計をしています。でも、相変わらず節約上手とは言いがたいわが家です。固定費の管理は私よりもずっと堅実な夫にまかせていて、そちらは特に問題ないものの、私が担当する変動費の外食、おやつ、レジャー、衣服、そして美容代がかさみがちなのが長年の傾向です。

最も問題なのは食費で、一時は収入の25%にも達して青ざめていました。食料品はそれほど高額ではないため、原因である外食費を減らすべく、外での一人ごはんの回数を削っています。また、「おやつを買っていいのは来客時と週末のみ」とルールを決めました。そうしたら、この2つを守っただけで16%まで激減。あわよくば、体重も減ってくれたら、これ以上のことはありません。

そして、レジャー費も夫がしょっちゅう山へ行くため多めです。でも、趣味のおかげ

で心身を健やかに保てているとみなして、この項目は削らずこのままで。むしろ必要経費と捉えています。

膨らみやすい項目のひとつである私の被服費は、3シーズン着られる服、なかでもワンピースを選ぶようにしています。ワンピースは、一着で上下を兼ねているため経済的。生地や仕立てが良いものならば、多少体型が変化しても長く着られるでしょう。また、学費と習い事代は将来の自分への投資なので、こちらもそれなりに予算を取っています。節約ももちろん大事ですが、私がいい形で長く働き続けるほうが、わが家には経済効果があるからです。

以前と比べると、必要な出費かどうかを、より的確に判断できるようになりました。それは、どう予算配分すると満足度が上がるかがわかってきたから。こういう点からも、どんなことを大切にしているかを再確認することができますね。

後日談

数年経ったのに、実はまだ食費を削りきれていません。外食は私にとって数少ない社会との接点なのでできれば削りたくなくて、その代わりに高級なパンを買うのをほどほどにしています。週末の朝だけと決めたらご褒美感が出て、無理なく続けられそうです。

また会いたくなる人

「あれ、久しぶり！」

歯医者での治療を終えて、街を歩いていたら、涼やかな佇まいの人と目が合いました。キュッと音を立てて自転車が停まる。放送局でアナウンサーをしている知人でした。

さっぱりした中に温かみがあり、なぜか人生の区切りになる時に、その先を照らす言葉をさらっと投げてくれる人。ほんのひととき立ち話をした後に、「気づいてくれてありがとう。嬉しかった」と、またふわりと自転車にまたがって、爽やかな初秋の風とともに去っていきました。

このように、男女ともに「また会いたくなる人」がいます。彼らの共通点は、人懐っこいのに、思慮深くて立ち入りすぎず、目の前にいる人にまっすぐ向き合うこと。また「いいね」「嬉しい」という感情を大切にしていて、すぐに相手に感謝や謝罪を伝える素直さがあります。

私はもしかすると迷惑かも……とためらって伝えられないままに終わったり、年甲斐もなくもじもじ気後れすることがあるので、彼らの〝伝える力〟や〝引き寄せる力〟を、ぜひとも見習いたいものです。

大人になると、行動範囲が狭まって、新しい出会いも少なくなります。だからこそ感じる、友人たちのありがたみ。たとえ数年に一度しか会えなくても、遠い国に住んでいても、愛すべき友の存在が心にある。それだけで心強く感じます。そして、これから知り合う人たちとの貴重な縁も、手をかけて育てていきたい。

待っているだけではなく、こちらからも一歩を踏み出して、友情という名の糸を、しっかりと結んでみようと思っています。

後日談

年々、「ありがとう」と「ごめんなさい」を、まわりの人はもちろん、家族にもきちんと伝えなければと感じています。長く一緒にいると、コミュニケーションも省エネモードになりがちですが、伝える力を養うためにも、まずは身近な人へいい言葉を。

おうち時間のために買ったもの

おうち時間を心地よくすごしたくて、ここのところ日用品ばかりが目にとまります。暮らしの中で使える道具は心が躍りますね。

大阪の吹きガラス工房・ｆｒｅｓｃｏの「カスミプレート」は、以前からマーガレット・ハウエルのショップで目にして気にかかっていたものです。ニュアンスのあるパープルが新鮮に思えて、サラダや冷やし中華用に使おうと購入しました。

ポーレックスのコーヒーミルは、夫が毎朝コーヒーを淹れるようになって、豆を挽くために手に入れました。珈琲焙煎所を営んでいる友人からリクエストされて以前贈ったことがあり、美しい道具だなぁと記憶に残っていました。夫はいそいそと革のカバーを自作して、大切にしているようです。

そして、中国茶用の茶器もまたもや増やしてしまいました。お店でお茶を飲むことを思えば、茶器や茶葉への多少の出費は許されるはず。中国茶教室の先生に「まだ茶器類は極力買わないように」と言われていたのに、長いこと探していた希少な清時代の蓋碗と出合ってしまい、どうしても我慢できなかったのです。

これらの買い物は、どれもインターネットで。ネットで買い物をする際は、

・できれば実物（または類似品）を見たことがあるもの
・メジャーなどで測って正確なサイズ感を知る
・複数のサイトで写真を見比べて、質感などを確認
・インスタグラムで、他の方が使っている様子を調べる
・家具など大きなものを買う際は、設置場所にマスキングテープを貼ってみる
・スマートフォンではなくPCでしっかり写真を見る
・セールや送料無料をきっかけにしない

これらのことを念頭に置いて、慎重に選んでいます。特にサイズ感を間違えると使いやすさや用途も変わってくるために、メジャーで測る手間は惜しみません。おかげで、ネットの買い物でも失敗が少なくすんでいます。

お昼は麺

家でのお昼ごはんは麺と丼だったのが、ここ数年はもっぱら手軽に作れる麺ばかりになっています。ただし麺はそれ一品で完結するので、炭水化物の割合が高くなりやすい。そのため、麺の半分から同量くらいの野菜を足すように心がけています。

唐辛子をぴりっと効かせたペペロンチーノは、単体で食べるときはシーフードミックスやしらすとキャベツを足しています。そして、東京・代々木上原にあるミシュラン一つ星店「sio」の鳥羽シェフがSNSでシェアして話題になった明太子パスタも、くり返し作って自分のものにしたレシピ。具材は明太子とニンニクのみなので、必ずサラダも添えています。

買い置きしてあるサバ缶とトマト缶、パウチの茹で大豆は、セロリを足すと美味しい煮込みになります。セロリはサラダのために株で買っているので野菜室に入っている率が高く、困ったらもっぱらこれ。パスタソースとしても使えますし、ディナーにも転用できます。

そして夏は冷やし中華。トッピングの具材とタレを変えれば、毎日でもいいくらい。キュウリやおかひじき、蒸した鶏むね肉、半熟たまご、香味野菜をどっさりのせた冷やし中華が定番です。

食材が何もないときのお助けメニューは、塩ラーメン。パルシステムの冷凍豚ひき肉（バラ凍結）と冷凍鶏もも肉、コーン缶、わかめ、乾燥野菜（キャベツとネギ）などをストックしていて、野菜を足せばラーメンが作れます。また、夏は鶏肉とセロリ、トマトを麺と一緒に茹でて、すだちなどを一絞りしてさっぱりいただいています。

ちなみに、朝のトーストと昼の麺で炭水化物は十分摂取していると思われるので、夜は極力炭水化物を抜いています。そして、同様に小麦粉も過分に摂っているため、小麦粉が原材料のお菓子も少しだけ減らすようにしています。

買い物と貯金簿

2020年に突如訪れた、おうち時間と、生活最低限の食料と日用品しか買わない日々。それがこれまでの買い物習慣を再考するきっかけとなり、消費行動と消費に対する考えも根本から覆されました。人生観すら変わったといっても、過言ではないでしょう。

ものが好きだからこそ、買い方もこまめにアップデート。これからは私的定番を増やして、それが傷んだら自分が思うタイミングで入れ替える。そんな知性ある買い物がしたいものです。

消費は「ニーズ（生きる上で必要なもの）」と「ウォンツ（できれば欲しいもの）」の2種類に分類されるそうで、生活の必需品がほぼ一通り揃った今、私の買い物は「ウォンツ」に該当するものばかりです。節約のためにはまさにそこが削りどころですが、すべてを我慢するのではなく、使うところは使う。今後は、どちらに該当するのかを見極めながら、ものを手に入れていきます。

買い方と同じくらい重要なのは収支の計算で、そのために数年前から貯金簿をつけています。貯金簿は、各銀行口座の残金や、投資・保険の内容を定期的に締めて一覧にし、ローンなどの負債と相殺して収支を出したもの。現時点の貯金額と負債額、増減の推移が一目瞭然で、細かく節約したり、項目別に集計するのが不得手な私の性格にも合っているみたいです。会社員は年に数回集計すればいいそうですが、私はこれしかやっていないので毎月末に集計しています。現在の状況を確認しつつこれから頑張って増やしていこうと前向きになれます。

家族の協力も不可欠なため、グーグルドライブにデータを入れておいて共有し、夫にも月末に入力してもらっています。ようやくスマートに情報共有できるようになって、共働きで財布が別々だからこその悩みも解決しました。

「稼ぐ」、「使う」、「貯める」をバランス良く。お金とのつき合い方は、一生の課題になりそうです。

家事スイッチをオフに

本調子でないときや慌ただしいときは、家事スイッチをいくつかオフにします。たとえば「しばらく料理はできません」と宣言して、ごく簡単にすませたり、買ってきてもらったりと、家族にも理解と協力をお願いしています。

母が欠かさず料理を作ってくれていたために、私も無理してでも料理だけはしなくてはと思いこんでいましたが、ふと、人一倍優秀で子煩悩な方が「母が働いていたので、学生時代はずっと昼食を外で買っていました。でも、問題なく健康に育ちましたよ」と話していたのを思い出しました。

そうだ、自分を雁字搦め《がんじがら》にするのはやめよう。理想通りでなくてもいい。長い人生でしばらく買ってきたものが続いてもいいじゃないと思ったのです。

「料理をする」とは、買い出しと下ごしらえ、調理、洗いものまでの一連のプロセスを指します。そんな、簡単にできることではありません。もちろん、家で作った料理は心も満たしてくれますが、時にはその労力を、時間の節約と体力の温存にあててもいいのだと。そのおかげで、体調を崩すことなくくぐり抜けられたりもします。

「できない時は、無理してやらなくていいのよ」

「サボっても、バチは当たらないから大丈夫」

「体調と気持ちの安定を最優先して」

周りの人たちがかけてくれた心強い言葉が、宝物になっています。

明るければ電気はつけず、夜になったらスイッチをオンするように、家事のスイッチもつけたり消したりしていいのですね。

この言葉を忙しい人や子育て中の人、体力が落ちて疲れやすくなった人たちにも贈りたい。たった一人しかいない自分を追い込まないことのほうが、ずっと大切ですから。

後日談

家事スイッチ、引き続きたまにオフしています。忙しくて買い出しにいけないと、まず食材の調達から始めなくてはならないため、料理のハードルが上がる。それに気づいたため、食材の宅配も週1回利用して、買い出しの負担を減らしています。

エスニック料理の材料も買い置き。専門的な調味料をあれこれ足さずに作れるものは、一回ごとに完結するからフードロスも出にくいです (P34)。

ひと目見てこれだ！と即決したガラスポット。ハーブティや漢方茶を淹れると、抽出のひとときもドラマティックで、ずっと飽きずに見ていられます (P36)。

上：ベトナムのまな板は、この丸い形が使いやすい。包丁をやわらかく受けとめます（P40）。下：持ちやすく、口あたりのいいカトラリーを手に入れました（P38）。

旅グッズは普段からこれでもかと使い込んでいます。ウールのインナーは天然の防臭効果あり。椅子やテーブルなどにバッグをかけられるフックも必需品です (P42)。

街歩きが好きなので、靴選びは妥協しません。足にやさしいダンスコの靴は、機能的なのにデザインもかわいくて何足もリピートしています（P44）。

書店のエコバッグを集めています。レジ袋の有料化にともなってエコバッグの出番もますます増え、すっかりおしゃれの一部になりましたね（P46）。

上：リネンバードで出合ったバルキータオルをバスマットに。一生これを使いたい（P48）。下：オートソープディスペンサーは、衛生面での強い味方（P50）。

ベトナムのソンベ焼に心を奪われています。ベトナムとフランス、中国などの要素が混じったうつわは、この国が歩んできた道のりを物語っています (P40)。

Part 2

暮らしを支えてくれるもの

買い置き食材

今週は、家にある食品のチェックをしています。

わが家は普段用の買い置き食材と、非常用の備蓄を分けていません。普段使う食材を少し多めに持って、使いながら保管する「ローリングストック」を採用しています。

買い置いているのは麺類やパスタソース、ドライパウチの豆やひじき、コーンや果物の缶詰、乾物など。それらを一通り確認して、賞味期限が半年を切ったらすぐに使い、足りないものは買い足します。

ついでに、冷蔵庫や冷凍庫の化石となりかけている食品も再点検。今回も、ドアポケットに入っていた調味料が、いくつか賞味期限切れになっていました。こういうときの罪悪感たるや。食品の廃棄量は比較的少ないほうですが、それでも、一度処分したことがあるものは、以後は極力買わないようにしています。

食品のチェックをすると、使い切れなかった食材を通じて、作る料理が数年単位で変わっていることに気づきます。たとえば粒マスタードやケッパーを使いきれなかったのは、洋風料理を作る頻度が下がったから。前回、賞味期限切れで泣く泣く処分したマヨネーズも、同様の理由です。

日本の家庭では様々な国の料理が出てくると、海外の友達にもよく驚かれます。でも私の場合、手を広げすぎても結局使い切れないので、普段は和食中心にして調味料の数を絞っています。たとえば、たまにベトナム料理教室に通うことが、モチベーションの向上に一役買ってくれていますが、家にあるベトナム料理用の調味料は、未だにナンプラーとスイートチリソースだけです。

タイのマッサマンカレーのように旅先で食べた料理が恋しくなったら、カルディなどの輸入食材店で、調味料を買い足さなくても作れるキットを探します。そして、外食も取り入れながら食を楽しんでいます。

後日談

この記事は、〝冷蔵庫の化石〟というテーマで、TOKYO MXテレビ「5時に夢中」で紹介していただきました。ローリングストックと同様に、冷蔵庫&冷凍庫で保管する食材もある程度種類を絞り込んで定番化したら、化石になることがなくなりました。

抽出も楽しむガラスポット

人の愛用品がランダムに流れてくるインスタグラムで、時々一目惚れをします。写真に口コミがついているようなものだから、自分のニーズと照らし合わせて判断できて、なんとまぁありがたい。

なんちゃって漢方茶やフラワーティーを自分で調合して飲んでいて、抽出のひとときを目でも楽しめる耐熱ガラスのポットが欲しいなと思っていた矢先に、タイミングよく小ぶりなガラスポットの写真が流れてきました。親切なことに、取り扱い店の添え書きもあったため、一目散に広島のセレクトショップ「84」のサイトに飛んで、自分比300%ほどのスピーディーさで、ポチっと購入ボタンを押したのでした。

そのような経緯でわが家にやってきた耐熱のガラスポットは、後から落ち着いて調べたところ、新潟県柏崎市にある耐熱ガラスの工房クラフト・ユーの製品で、しかも本来の用途は汁次でした。それをお茶用のポットとして見出した方の審美眼に、やるなぁ！ とうなりながら真新しいポットを洗い、お湯を沸かして茶葉を入れて、ポットにお湯を注ぎます。そうしてちょうどいい塩梅に抽出されたところでカップに注ぐと、水切れが良く一滴たりともこぼれない。さらに、せっかちな私がぐいっと急激に傾けて注いでも、蓋にたまった水分は外に溢れずにきちんとポットの内側へと戻って、ここでまた感嘆の声をあげたのでした。

最近、国内メーカーの製品や作家もの、そして、そういった道具類を有名無名問わずセレクトしているお店への信頼度が急上昇中です。道具は使うものだから、デザインの美しさだけではごまかせません。だから、美しくて使いやすい道具を紹介してもらえると、深く感謝するとともに、また必ずここで買おうと信頼が深まるのです。

ガラスポットを手に入れたら、中国茶や紅茶以外の茶葉も飲みたくなって。TEALABO.t の台湾茶やオリジナルのブレンドティー、パティスリィ・アサコ・イワヤナギで買い求めた京都のかりがね緑茶、マレーシアのハーブティーを続けざまに手に入れました。

このポットとともに、どれだけのお茶を楽しめるでしょう。

シルバーのカトラリー

今、メインで使っているタイのディナー用カトラリーは、真鍮と木でできています。食洗機は熱湯で洗浄するため木製品はご法度で、このカトラリーだけわざわざ分けて手で洗っていました。そのため、すべて金属で気軽に使えるものがあるといいなと、ぼんやり考えていました。

こういうこと、よくあります。数年単位でふわりと代替案を温めていて、イメージに合うものと出合ったら、それが決断のとき。イギリスの銀器ブランド、プリーストリー&ムーアのアンティークのディナーフォークをえいっと購入しました。

古いうつわやカトラリーを家に迎え入れるときは、お清めよろしく、さっと塩水にくぐらせます。そのあとは優しく洗剤で洗ってから使いはじめています。

カトラリーはほぼ毎日使うし口に触れるものだから、これだけは妥協せずに納得したものを使いたい。時々、レストランでフォルムは綺麗だけどどうにも持ちにくいカトラリーに当たると、料理が美味しくてもわずかな違和感が魚の小骨のようにひっかかって、いつしか足が遠のいたりもします。

いいカトラリーは、買うときは「うーん、ちょっと高いな」と躊躇します。でも、壊れるものでもないため、使う年数と頻度を考えたら、どれだけ高級品でも決して高くはない。たくさん持たずにほんの少しだけ、厳選しています。

暮らしを整えるとは、こういうこと。もしも今の暮らし方に疑問を持っているならば、カトラリーやお皿1枚から替えてみてはいかがでしょう。そして、購入する際は持ったときの重さや手の大きさとのバランス、力のかかり具合、質感などもしっかり確認します。

すべてにこだわる必要はないけれど、優れた道具を使うと納得する。あなたにも、ものとのいい出合いがありますように。

丸いまな板とベトナムの染付

たん、たたたんたん。リズミカルな包丁の音は、どこか楽しげです。
この包丁をやわらかく受けとめているのが、ベトナムの丸いまな板。市場で見つけた安物なのに、それまで使っていたまな板が固かったこともあって、とても使いやすく感じて。刻むって楽しいことだと、思い出させてくれました。
まな板が優秀なのは、ベトナム料理に細かく刻む工程が多いからでしょうか。ずっしり重くて買おうかどうしようか旅先で相当迷ったけれど、今では手放せず、さらにもう一まわり大きいサイズも欲しくなっているくらい、いい買い物になりました。
食いしん坊な国ベトナムは、優秀な台所用品が豊富で、うつわもいい。ホーチミンのお隣、南部のビンズオン（旧ソンベ）省では、ソンベ焼という焼き物がつくられていて、現行品はかろうじて一部の市場で見つかりますが、残念ながらもうじき絶えてしまいそうです。私はこのソンベ焼のちょっと古いものが好みで、ホーチミンを訪れるたびに古道具屋やアンティークを扱うショップなどをくまなく歩きまわっては、1枚ずつこつこつと増やしてきました。

ソンベ焼はブルー1色の染付と、カラフルな釉薬で描かれているものに大別されて、和食に合うのは断然染付。煮物や炒め物、麺類や副菜まで、料理や色を選ばずに何にでも合います。そして何より、日本のうつわとも相性がいい。おかげで、最多出場かもというくらい、ほぼ毎日食卓に登場しています。

なかでも気に入っているのが、鳥の柄のたっぷり大きな浅鉢です。ニヒルな表情の鳥が愛おしくて、「いい顔しているねぇ」といつも笑みが浮かぶ。直径21㎝（7寸）、深さ5㎝のこのうつわは、パスタやサラダ、冷やし中華にシチューなど、あらゆる料理を盛りつけるのに適しています。

後日談

ここ数年、年に1～2回のペースでベトナムに通っていました。ベトナムは、お菓子もなかなか美味。スーパーマーケットで売られているココナッツクラッカー「タイビン」やソフトタイプのミルクケーキのような「バインスア」が恋しいです。

旅グッズを日常使いする

今、旅グッズの再検討をしています。

これまでは、旅専用でものを揃えたりもしましたが、〝旅で使えるものは、日常でも便利〟と気づいて以来、旅と日常の境目なく使えるものを選んでいます。

たとえば、登山でよく使われるウール素材のインナーは冬暖かくて夏は涼しい。天然の防臭効果のおかげで、旅先で数日間着続けていても匂いません。肌あたりのやさしさが気に入って、無印良品でタンクトップとフレンチスリーブとメンズTシャツをそれぞれ2枚ずつ買い込み、インナーやパジャマとして毎日愛用しています。

山男の夫も同様に、家ではほぼ1年中ウールの上下ですごしていて、もちろん無臭。たまに脱いだもののにおいチェックをしては、ウールの効果に感嘆しています。

もう一つ、これは便利！と感激したのは、アメリカのメーカーのバッグハンガー、

「clipa」です。これは直径約7㎝の輪っかで、テーブルやトイレの扉、新幹線や車のシート、ベビーカー、小さな突起などに引っ掛けて、鞄をかけるもの。耐荷重が15kgある点が、数多くある他の商品との決定的な違いです。パソコンやカメラなどが入った重い荷物を床に置きたくないときは、椅子の背やテーブルの縁にこれを装着してバッグをかけています。

カフェやレストランで荷物を入れるカゴがなかったり、トイレの扉に荷物をかけるフックがなくて途方に暮れたときも、これさえあれば千人力。バッグの持ち手に付けておいて、すぐに使えるというスマートさもありがたいですね。安い買い物ではなかったですが、星を5つつけたいです。

旅グッズは、慣れない場にいる私を手助けしてくれるもの。機能的な旅グッズを暮らしに役立てて、暮らしの道具を旅でも使う。旅と暮らしの垣根を取り払ったら、もの選びの視点も、また少し変わりました。

後日談

引き続き、"旅でも日常でも使えるもの"の開拓に燃えています。小さく折りたためる軽量リュックや、同じくコンパクトになるアウター、キャンプ用のピローなどを手に入れました。どれも普段から、積極的に使っています。

ダンスコの靴

「東京の人は、よく歩くよね」

言われてみれば、たしかにそう。普段の主な移動手段は電車ですが、乗り換えの際に駅の構内で10分近く歩くこともざら。そのため、外出時は少なくとも40分、多いと数時間歩いています。ですから、靴選びは死活問題で、デザインだけで選ぶなんて決してできません。

私が愛用しているのは、アメリカ・ペンシルバニア生まれのコンフォートシューズ、ダンスコです。このブランドの最大の魅力は、どれだけ歩いても足が疲れず、ヒールがあるのに走れること。「アメリカ足病医学協会」の認定を受けており、本国では医療やレストラン関係者をはじめ、一般にも幅広く親しまれているそうです。日本では脱ぎ履きしやすいサボ型が人気のようですが、おっちょこちょいで何もないところでもつまずく私は、足首をしっかりホールドするショートブーツや、ストラップのついたサンダルを選んでいます。

先日そこに、新たな一足が加わりました。ほっそりしたシルエットのウェッジソールのワンストラップシューズ。履き心地とおしゃれ心の両方を満たして、身体の一部になってくれそうな靴です。

そして、靴と同様に洋服も、身に着けたときの快適さや肌ざわり、機能性がますます気になるようになりました。ル・ピボットの「デニムライクローブ」は、ストールや薄手のカーディガンのようにまとえる、膝下丈の羽織もの。1枚でサマになるこなれ感がありがたく、脱いでもかさばらない。普段も旅でもこまめに温度調節したい私には、手放せない1枚になっています。

どちらのブランドも、紹介してくださったのは少し年上の女性たち。軽やかな先輩たちのアドバイスを信頼しています。

後日談

ボリュームが控えめで縦長シルエットをつくってくれる「デニムライクローブ」は、体型カバーにもお役立ち。あれからかなりの頻度で愛用していて、色違いも欲しくなっています。次はライトグレーか、はたまたネイビーにするか、迷うところ。

集めているもの

「なにか、集めているものはありますか？　雑誌や本、雑貨など」

取材でそのような質問を投げかけられて、ふと、自分の収集癖について思いを巡らせました。私はのめりこみやすい性格で、夢中になるとタガが外れたようになってしまう。そのため、収集癖やコンプリート欲を極力抑えています。

たとえば雑誌類はそのまま並べずに、記事ごとに切り抜いてジャンル別に保管します。そして月に10冊以上購入する書籍は、くり返し読む本や資料性の高い本、希少本を中心に手元に残して、ベストセラーなどの世の中に大量に出回っている本は、読み終えたらすぐに人に差し上げています。

そのような涙ぐましい努力をしていながらも、〝これだけは〟というものがいくつかあります。まず、書店や出版社のオリジナルグッズやノベルティグッズ。本好きとしては、どうしても素通りすることはできません。

紀伊國屋書店のランチトートとビニール製のブックカバーは、職業柄まわりに本好きが多いために、「どこで買えるの？」とよく聞かれる筆頭です。これは集めたポイントと交換できるノベルティで、本を読んだご褒美のようなもの。また、雑誌も入る大きさの薄手のエコバックを店頭で販売（税込み110円。良心的！）していて、それも手に入れました。

もちろん、旅でも書店のトートは大好物。いただいたり差し上げたりする機会も多いです。特にデザインが秀逸なのは、ドイツの書店のトートと、台湾・誠品書店とトラベラーズノートのコラボトートでしょうか。

そのほかに、手巻きのキャラクター腕時計も〝好き〟がつのって、集まってきているアイテムです。腕時計については、海外メーカー・手が長針と短針・手巻き・ミッキーマウスは除外する、といくつも条件をつけて、狭めた中で選んでいます。

集めることを目的にしないためにも、あえて厳選して、数を持たない。それが私なりのつき合い方です。

タオルをバスマットに

これ、バスマットに良さそう。

いいものないかなとパトロール中に、リネンバードでごわっと硬いリネンタオルを見つけました。その名は、リトアニアの「バルキータオル」。本体はコットンでループ部分はリネン、しっかり肉厚で硬めのしゃり感が乾きやすそう。普通のタオルとして売られていましたが、サイズ的にバスマットにぴったりでは⁉と直感しました。

あいにくわが家のタオル予算をはるかに越えていたものの、見た目も用途も中途半端なものを使い続けるよりは、この1枚で満足するならばそう高い買い物ではないかも、と思いきって購入。それが大正解でした。

このタオルにはループがついていて、バスルームの扉の外側に吊るしています。使ったらすぐS字フックにかけて、そこが定位置。しばらく使ってみてこの選択が正しかったと確信したため、これまで惰性で使っていたバスマットを潔く処分して、これ1枚に絞り込みました。

新しいバスマットに替えてはじめて、今までバスマットの取り扱いに小さなストレスを感じていたことに気がつきました。じっとり水気を含んだ、重いバスマット。こまめに目配りできるタイプでないので、乾きの悪そうなものが苦手で、気が重くなります。

でも、もう大丈夫。「バルキータオル」のおかげで、バスマットは好きなアイテムのひとつに仲間入りしました。願わくば、一生これを買い替えながら使い続けたい。そして、予算が許すならば、わが家のタオルをすべてこれに替えたいくらい。値の張る消耗品を買う勇気のない私ですが、年に2回ボーナスのご褒美と称して、1枚ずつ増やしていくのはどうでしょうね。

どうやらこのタオル、私のタオル人生を変える存在になりそうです。

後日談

タオルは基本、セール時にお得に購入して入れ替えるサイクル。髪が短めなこともありバスタオルはもう15年ほど使っていなくて、フェイスタオルで十分事足りる。洗濯効率もよく、わが家にはこれが合っているようです。

オートソープディスペンサー

洗面所やキッチンのシンクまわりには、できるだけ物を置かずにいたかった。それは見た目はもちろんのこと、掃除のしやすさのためでもあって。だから、泡の石鹸が自動で出てくる「ウォッシュボン・オートソープディスペンサー」は、ちょっと大きいこともあり、わざわざ置かなくてもいいよね、と思っていました。

けれども、「ボトルに手を触れずに泡が出てくる」という圧倒的な便利さと清潔さは、やはり魅力的でした。使ってみたいという好奇心に軍配が上がって設置したら、これがなんとも使い勝手がいいのです。USBで充電して、手をかざすだけで泡が適量出てくるって未来ですよね。感激！

この製品を生み出したサラヤは、「世界の衛生・環境・健康に貢献する」というコンセプトを掲げて、すでにサステナブルへと舵を切っている企業です。家庭用はもちろん、医療現場や食の現場でも大きな信頼を得ており、「ヤシノミ」や「ハッピーエレファント」などのブランドは、私の日常にも深く根ざしています。

ふと、「投資するならば、これからの世界に必要だと思う会社や、応援したい会社の株を買うといい」と聞いたのを思い出して、株価を調べたら非上場でした。こうなったら、消費者としてせっせと製品を買いつづけます。

この先は、企業理念も込みで、応援したい会社の製品を選んでいきたい。持続可能・サステナブルがこれからの消費のキーワードになりそうですが、人にも環境にも負荷をかけないという方向性は至極真っ当です。ただし、どんなに良い製品でも、売れないと成り立たないので、安さだけに価値をおかず、誰かが買って支えるのを期待するのではなく、率先して自分がお金を払って応援する。それが大人になった私にできることだと思っています。

後日談

オートソープディスペンサーは、日に何度も使っていますが5か月経ってもまだ充電がなくならず、なんとも出来のいい商品だと感じています。今はキッチンで使っていて、もう一台洗面所にも欲しい。大人気で欠品中なため、気長に待つことにします。

台湾の調理家電、電鍋

台湾で1960年頃に登場し、一家に一台必ずあるといわれる大同の「電鍋」。レトロな炊飯器に似た調理家電を、旅先から抱えて帰ってきました。

電鍋は、本体と内鍋の間に水を入れてスイッチを押すと加熱し、蒸気で調理するシンプルな道具。煮る、煮込む、蒸す料理が得意で、ごはんも美味しく炊けるそうです。

ここ数年、鍋を火にかけているのを忘れるのが怖くて、長時間の煮込み料理をしなくなり、家ごはんのバリエーションが減っているなと危機感を抱いていました。ところが、彗星のように現れたこの電鍋は、煮込みをはじめ、お皿などを使えば2、3品を同時に調理することも可能で、さらには蒸しスープも作れます。これさえあれば、放ったらかし調理という夢がかなう。野菜の摂取量を増やして、カロリーも抑えられるのではと、期待しています。

道具類は手に入れてすぐに使わないと宝の持ち腐れになるので、すぐに開封してせっせと使いはじめました。排骨とトウモロコシのスープ、キャベツと白エビの蒸しもの、蒸し魚を真っ先に作って、次の日にはスープから排骨を取り出して、茹でた大根と一緒に甘辛い炒め煮にしました。スイッチさえ押せば、あとはまかせておける。下ごしらえにも使えるため、キッチンに立つのが辛い夏にも活躍してくれそうです。
やる気や体力には波があって、いつも積極的に家事に取り組めるわけではありません。だからこそ、新しい道具を手に入れたりして、手軽にできる方法を模索していきたい。どんどんラクをしていきますよ。

後日談

このあと、主婦雑誌で何度も電鍋特集が組まれるなど、電鍋ブームが勃発。シンプルな機能のスロークッカーとして、台湾好きのみならず、注目度が爆上がり中です。大は小を兼ねると選んだ10人用サイズが2人家族には少々大きいため、6人用サイズへの買い替えを検討しています。

オーダーメイドの本棚

結婚当初の14年前に、近所の建設会社に頼んで作っていただいた本棚。今は、ワークスペースにおさまっています。

一段の高さが25㎝で、奥行15㎝のサイズ感は、書籍を入れるのにちょうどいい。当時住んでいたマンションの柱と柱の間のくぼみに合わせて横幅を決めて、「いちばん安い材料で」とお願いして作っていただき、最後に自分でペンキを塗って仕上げたのも良い思い出です。

そのときに住んでいた部屋がそう広くなかったこともあって、本棚の高さはおへその下くらいにしました。これくらいの高さだと圧迫感が出すぎず、とはいえ収納力は抜群です。どの家でも不思議とおさまりがよくて、何度引っ越しをしても手放すことなく、大事に使い続けてきました。

本の入れ方は、ジャンルや作家ごとにしています。細かく分けすぎずに、暮らし・ファッション・ごはん・旅・小説&エッセイという分類。このときに、本をぎゅうぎゅうに詰めずに、ところどころに余白をつくって、本の表紙を見せたり雑貨を置いたりすると、飾る要素が足されて〝見せる収納〟になります。そのため、入れていい量は本棚の容量の8割と決めていて、新たに本棚に加えるのはごくわずかです。

負担なく管理するためには、そこに入るだけと上限を決める。クローゼットやキッチンの引き出しなども、同様のルールです。物が外に溢れて、床などに置かれるようになったら100%を超えたサインなので、持ち物や入れ方を見直す機会にしています。

本棚はその人の本質があらわれる。私は新しいものを積極的に受け入れるタイプだと自覚していますが、その半面で根っこの部分は変わらないため、20年くらいほぼ同じラインナップです。たしかに性格が反映されていて、ちょっと気恥ずかしいですね。

後日談

年に一度、本を出して棚を掃除して、本の傷みもチェックしています。それが衣替えのようなものので、もう読まないかなという本はそこで抜き出す。「ご自由にどうぞ箱」が来客に好評なため、引き続き不定期で続けています。

間接照明とＬＥＤキャンドル

夕食後に、部屋を煌々と照らしていたダウンライトを消して、間接照明のスイッチをつけてまわる。それが大人時間のはじまりの合図。空間に奥行きが生まれて、やわらかなムードになり、今日も無事に１日を終えられたなとホッとします。

ソファ横のライトは、スウェーデンのスヴェンスク・テンというインテリアブランドの傘をイケアのボディにつけたもの。オレンジがかった光が照らしてくれて、ソファに寝そべると落ち着きます。

以前から、インテリアの雰囲気づくりにキャンドルやお香も取り入れたいと思っていました。ですが、「もしもキャンドルをつけたまま寝てしまったらどうしよう」「キャンドルを倒したら危ないかも」と、一軒家に住むようになってなおさら家の中で火を扱うのが怖くなり、その代わりに安心安全なＬＥＤキャンドルを使うようになりました。

手持ちのオールドバカラのリキュールグラスやタンブラーにLEDのティーキャンドルを入れ、いくつか高低差をつけて飾る。ガラス越しだとプラスティックの質感もそこまで目立たず、暗いところに置いて使うには十分です。もちろんティーキャンドルは安価なもので良く、イケアやニトリのキャンドルは、ほのかに光がゆらぎます。

使いかけのキャンドルにホコリがたまるのが気になっていましたが、LEDキャンドルはホコリとは無縁。グラスもすぐに洗えて、キレイを保てる。気分で入れ物を選べて、シーンや季節に合わせてフレキシブルに楽しめます。

空間づくりは、家ですごす時間が長い北欧の人の暮らしをお手本にしています。何度も訪れたスウェーデンは、家の中に小さな灯りがともりはじめる夕方から夜にかけての時間が印象的でした。部屋全体は暗めでも、ダイニングテーブルの上や読書をするソファまわりなどは間接照明で照らしているため、手元は暗くありません。

やさしい光に包まれて、大人な時間を味わいましょう。

手帳ジプシー

手帳好きは、秋が忙しい。

なぜなら手帳は年末や4月ではなく、秋から大々的に展開される手帳コーナーに通い詰めて、じっくり吟味して買うものだからです。私はそれなりに歴の長い手帳好きで、高校生の頃には勉強時間を管理するためにフォーマットを自作して、コピーして使っていました。それからかれこれ25年、既製品の手帳を愛用していますが、それらはすべて1日の時間を縦軸で確認できる、週間バーチカルです。

ところが、数年ぶりに手帳ジプシーになってしまいました。数年間使っていた見開き2週間のバーチカルノート手帳が、製造元の倒産で生産終了となったからです。あまりに偏愛していただけに、途方に暮れているところです。

バーチカルは、アポイントや1日にやることが多い人向けと認識されているかもしれ

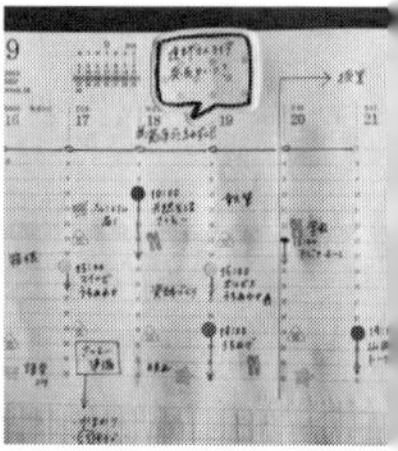

ませんが、私はむしろ、主婦を含むすべての女性に勧めたい。持ち時間を可視化して、隙間時間をみつけたり、やるべきことをまとめるのに便利なのです。

現在、スマートフォンの普及に伴って「手帳を書かない派」が増えていますね。会社や家族で共有するために、グーグルカレンダーなど（たしかに便利です）を利用している人も多数います。

それに対して「手帳を書く派」は、単に予定の記入だけでなく、ライフログ的な役割を手帳に求めています。また、学生向けのＮＯＬＴＹスコラ手帳の普及や、リフィルの自由度が高いシステム手帳の静かな盛り上がりなど、手帳界もなかなかにぎわっているようです。

携帯電話で何でも済む今だからこそ、書く楽しさを忘れずにいたい。いつか、手帳の開発に関わることが私の夢です。

後日談

およそ1か月の選定期間を経て、新手帳は日本能率協会の「ＮＯＬＴＹ・リスティ1」に決定。もうジプシーはこりごりなので、有名メーカーの定番品の中から選びました。7時から22時の時間軸と方眼が書きやすくて、長いつき合いになりそうです。

ルーズリーフはじめました

メモ魔の現在。ノート好きを自認している私ですが、20年ほど使っていたモレスキンのノートから、バインダー＋ルーズリーフに移行しました。

その理由は情報の検索性で、後から情報を探しにくいから。エバーノートなどの無料メモアプリも検討しましたが、やはり書く行為自体に魅力を感じて、大学で学生の多くが使っていたルーズリーフを採用することに。ページの順番を入れ替えられるため、分類もしやすくなりました。

バインダーの大きさは、テーマに合わせて大中小の3種類です。大（A4）は買い物記録とクローゼットダイアリー、貯金簿。中（B5）は仕事メモ。小（A5）はネタ帖として、仕事の展望や読んだ本の感想、いい言葉などを書き記しています。

数十年続けたシステムを一新するからには、愛着を持って長くつき合える道具を選びたい。バインダーはマルマンのリネン布貼り「プラシード」。リング部分が金属で上下ダブルロックのため、開閉がよりスムーズです。文房具だけに限りませんが、口コミを参考にする場合、数色展開の商品は色によって評価がまちまちなこともあるため、満遍なく目を通して情報収集しています。

そして、ルーズリーフは書き心地がなめらかで、クリームがかった色も目にやさしい、LIFEの方眼にしました。方眼は、ある程度の目安がありながらもそれに縛られない大らかさが気に入っています。ポスタルコのメモ帳（これも方眼）も引き続き愛用していますが、こちらはリングで綴じられていてファイリングに適さないので、後で書き写すことになる。そのため、あくまでも外出時のメモ用と割り切っています。

紙をバインダーに綴じるには、ポケットリフィルに入れるか、A4とB5に対応しているカール事務器の「ルーズリーフパンチ」で穴をあけてファイリングします。また、プリンターで印刷する際には、あらかじめ無地のルーズリーフに印刷すれば穴をあける手間が省けます。

携帯電話やPCなどがどれだけ便利になっても、頭の中を整理するためには書くことが欠かせない。手書き道をさらに追求していきます。

とにかく軽いタブレット端末

私にとって初のタブレット端末、「サーフェス・ゴー」を導入しました。外出の際はいつも手帳やノート、本などを持ち歩いているために、さらにノートPCやタブレットを持つ気にはなれませんでしたが、聴講生生活に伴って、ライフスタイルも変わりそう。あわよくば外でも原稿を書けるようにしたいですし、さらに長期出張にも対応できれば一石二鳥です。

パソコンや家電を買うときは、評判だけでなく、自分の用途に合うかで判断します。今回の買い替えは、①原稿を書く＝オフィスが搭載されている　②軽い　③サブ機なので容量や性能はそこそこでいい、がポイントでした。すると、ノートPCよりもタブレット＋キーボードのほうが、安価で軽くて用途に合うとわかったのです。

手にしてまず、素人でもわかる明解さに驚きました。セットアップはスマートフォンの延長で、至極簡単。そして、何より驚いたのはその軽さ。専用キーボードを足してもたったの773gで、これならば使わなくてもバッグに入れておけます。これからはどこでも仕事ができると、体に羽が生えたように感じています。ちょうど本の執筆が始まったところなので、今作はこのタブレットを存分に活用して書いてみます。

家電も道具も、新しいものは面白い。あれこれ闇雲に手を出したりはしませんが、今回のように、道具ひとつで生活が変わることもある。やり方や考え方を決めすぎずに、どんどん更新していきたいものです。

仕事への向き合い方も、きっと変わっていくでしょうね。

後日談

当初はこれを使って外で仕事をと考えていましたが、やってみたら、わざわざ外で仕事をしなくてもいいかな、という結論に至りました。そのため、毎日Netflixや動画を見るために使っていて、かえって大活躍。出張にも持っていっています。うーん、軽い。

日常を豊かにしてくれるもの

ペンケースを新調しました。10年ほど使った布製の先代がだいぶくたびれたので、いい仕事ができますようにと祈りをこめて、憧れのスマイソンに替えたのです。私はメモ魔のため、紙や筆記用具は毎日使う必需品。長く使えそうな革製のペンケースを手に取るたびに、なかなか良いなとにやりとしています。

使用頻度が高いものや長時間使うものに予算をかけると、暮らしの質が上がります。その筆頭は、ベッドや椅子でしょうか。ベッドの寝心地は眠りの質に、椅子の座り心地は家族の団らんや集中力にも影響するからです。

また、包丁や鍋などの台所道具は壊れにくいために、長く使い続けるもの。切れない包丁や重い鍋で長年奮闘していた友人が、使いやすさに定評のある道具に替えたら驚くほど料理を楽しめるようになった、と話してくれました。

ただし、いくら使用頻度が高くても、下着やバスタオルのように定期的に買い替える消耗品は、ほどほどの価格にしています。私の場合、高級品だと「もったいない精神」ゆえに替え時を引き延ばして、古びてもそのまま使い続けてしまうからです。

もの選びに正解はありません。唯一頼りにできるのは、それをどう使いたいかという「ものさし」。生活様式や金銭感覚に照らし合わせて判断しています。

そして、買い物の失敗パターンを知ることも大事です。私も「安いからと買った服は、結局着ない」「ヘアサロン帰りの買い物にご注意」「給料日後と空腹時の買い物は、判断が鈍るのでNG」など、陥りやすい失敗パターンがあります。しかと胸に刻んで、次に生かしたいものですね。

値段に関係なく、もの選びはいつも真剣勝負なのです。

後日談

つい先日、夫が義母から持たされて23年使っていた竹製の木べらがポキリと折れて、買い替えに。読者の方に長野在住の木工作家、柏木圭さんの木べらがいいよと教えていただいて、近々こちらを探しにいきます。

Part 3

おうち時間を豊かに

新・お茶の三種の神器

緩やかながら、一歩ずつ季節が進んでいるのを感じます。

つい先日、数年間検討していた電気ケトルをようやく導入しました。これで浄水ポットと電気ケトル、魔法瓶が私の「新・お茶の三種の神器」となり、心強いかぎりです。

まず、浄水ポットから電気ケトルに水を注ぎ、スイッチオン。数分でお湯が沸いたらお茶を淹れて、魔法瓶で保温します。1ℓサイズの魔法瓶は1日分にちょうどいい。仕事机から離れることなく、いつでも熱々のお茶が飲めます。

中国茶のレッスンで、身体を冷やすお茶と温めるお茶があると習いました。そのポイントは「発酵度」。たとえば紅茶やプーアール茶などの発酵度の高いお茶は、身体を温めてくれる。そして緑茶や麦茶などは、熱くして飲んでも体内の熱を外に出して冷やす効果があるそうです。

それから四季の移り変わりや体調の変化に合わせて、飲むお茶をその都度変えるようになりました。芽吹きの春はみずみずしい新茶。湿度の高い梅雨時期は、疲れを取ってくれる麦茶やミントティー、ジャスミンティー、半発酵茶（お菓子研究家の本間節子さんに教えていただいた丸高農園の「半発酵のほうじ茶」を毎年数袋ずつ取り寄せています）。熱さが厳しい夏は身体を冷やす緑茶。実りの季節の秋は、果実やお花のお茶です。

そして、冬はもっぱら紅茶やプーアール茶を飲んでいます。紅茶に生姜を加えると、温め効果が倍増。甘くしたいときは、黒糖やハチミツを足しています。

また、スパイスの力で温めてくれるマサラチャイ（インド式ミルクティー）にも興味を持ちはじめました。牛乳とスパイスを合わせて鍋で煮出すのが実験のようで、配合を変えつつ飲み比べています。

夫も朝や夜のお茶につき合ってくれるようになりました。夫婦でのお茶時間が新たな楽しみになっているこの頃です。

後日談

ただいま、蓋碗という中国の蓋つき茶碗でお茶淹れの特訓中です。1日1回心を静めて集中するので、たいていは夜のひとときに。愛用している香港の工房で買い求めた白菜柄の蓋碗は、中華圏では富を象徴する吉祥柄。お金持ちになれるかしら。

ガーデニング

子供の頃から庭が好きで植物にも親しんできましたが、家をあけることが多い生活をしていたため、長いこと切り花派でした。

家を持って、猫の額ほどの花壇ができたので、いそいそとガーデニング生活を開始。野草のようなちんまりした花をいくつか嬉々として植えたところ、開花期間はあまりに短く、すぐに花が終わってしまった花壇になってしまいました。記憶の中の庭がいつも花に溢れていたのは、父がこまめに花を植え替えていたからだったのですね。

しばしのガーデニングでわかったこと。どうやら私は植物を植えること自体よりも、咲き終わった花や変色した葉っぱを摘み取ったり、雑草を抜いたり、手入れをすることにやりがいを感じるみたい。ただ、いつもこまめにできるわけではないので、花よりも緑を多く植えて、放っておいてもそれなりに見栄えよくしようと考えました。

そこで、園芸の師匠、はたまたわが家の庭師である父に相談して、土を覆ってくれるグランドカバー（下草）を根づかせて、その後にハーブやお花を少しだけ植えることにしました。私がクローバー1株をああでもないこうでもないと吟味している間に、父がせっせと植物を植えてくれました。

父が選んだグランドカバーは蔓性のものが多く、梅雨あたりからそれらがわっさわっさと茂りだして、地面を覆ってはくれたものの、植えた頃とは全く違った野性的な姿になってしまいました。そして伸びると切るの追いかけっこが続いて少々疲れたので、料理に使えるハーブを増やしてもらいました。おかげで今はミニミニ家庭菜園になっていて、いつでも新鮮なハーブをたっぷり使えてありがたいです。

ガーデニングとは、すなわち植物に翻弄される日々のことなのだなぁ。当初の思惑はすっぱり諦めて、思い通りにならないことを楽しむことにしました。おっかなびっくりのミニミニガーデニング生活。進展があればまたご報告します。

後日談

夫を送り出してからの30分が、花壇と玄関まわりのお手入れの時間。朝のうちにさっぱりさせると気分がいい。汗だくになり流れでシャワーを浴びています。虫とこんにちはすることが多いため、ガーデニング用グローブが欲しいです。

お取り寄せとテイクアウト

家にいながらにしてお店の味が楽しめる、お取り寄せとテイクアウト。私はフルーツやお菓子、カレーなどを取り寄せています。

フルーツは、どうも満足いくものが手に入りにくいなと感じるようになってから、信頼している農園や、まわりの人が太鼓判を押しているところから送っていただくようになりました。もちろん、フルーツは天候にも左右されますが、取り寄せたものはやはり美味しさが段違い。とびきりのフルーツが家にあると幸福度が上がるため、多少送料がかかっても取り寄せることにしています。

お菓子は家でも作ったりできるものの、お店の味もやはり恋しい。クッキーなどの焼き菓子に目がなく、「山本道子の店」のクッキーや、リーフパイでおなじみの「ウエスト」、台湾の自然派おやつの店「手天品」などから取り寄せをしました。新たに通信販売を始めたお店もあるようなので、関西方面の和菓子の名店などもリサーチしてみます。秋は栗餅、冬は福井の水ようかんなど、季節が巡ってくると必ず食べたくなる味を取り寄せたいです。

そして、カレーのお取り寄せは冷凍で送られてくることが多く、冷凍庫で保存できてありがたい。南インドカレーの専門店「エリックサウス」では、エリックチキンカレー、魚のカレー、ポークビンダルーカレー、季節の菜食カレー、そして家ではなかなか作れないビリヤニも必ず注文。ある程度まとまった量を取り寄せています。

また、テイクアウトを利用する機会も増えました。川崎市宮前区の「タイカレー・イムイエム」は、通常メニューに加えて冷凍のドライグリーンカレーの素も持ち帰れます。これさえあれば、パクチーや水菜などの野菜を刻むだけで、おもてなしにも使えるカレーのできあがり。ナッツも刻んでトッピングすれば完璧です。

そして、近所にあるお肉屋さんの、その場で揚げてくれるコロッケやカツ、唐揚げもよく買うようになりました。人が作ってくれたもののありがたみよ。お取り寄せとテイクアウトのおかげで、おうちで人のぬくもりを感じています。

ウェグナーのソファ

わが家の顔は、ＬＤＫの正面に鎮座するソファです。家を建てた際にオーダーして、首を長くして待つこと数か月、はるばるデンマークから届きました。搬入時に、階段を回り込めなくて、ベランダから吊り上げたのはハラハラしましたが、まるでずっとつき合っているかのように馴染んでいます。

結婚して以来、夫婦の団らんの場所はダイニングまわりでした。ところが、あまりにソファの座り心地が良いために、夕食後に夫は音楽をかけてソファでゴロゴロし、その傍らで私は読書をして、ほぼソファ周辺にいるようになったのです。さらに、ＬＤＫのダウンライトを消して間接照明に切り替えると、なんとも安らぐ大人な空間に。ソファのおかげで、夜のすごし方も一変しました。

30代の後半頃から、幸福度が上がる暮らし方とはどのようなものだろうと模索していました。外に出るだけでなくおうち時間も充実させたい。そうすれば、もっと豊かになるのではないかと。どうやら、その考えは間違っていなかったようです。

ソファのように、予算がかかって場所も取る家具選びは、ことさら慎重になります。家具は長くつき合うもので、私は30年後には70代になりますから、まずそこまで使えるかが必須条件。そこで、親世代が座って似合うか、足腰が弱ってきても使いやすいかを想像してみました。そして、品質と座り心地、普遍性、主張しすぎないデザインというチェックポイントを設けて絞りこみました。もちろん部屋に置いて美しく、座りたくなるデザインであることも大きな加点ポイントでした。

数か月にわたるショールームやインテリアショップ巡りを経て、カール・ハンセン&サン社の、ハンス・J・ウェグナーがデザインしたCH163に決定。ひじ掛け部分の張り替えがしにくいと聞いたために、より耐久性の高い革張りにしました。

真新しい革のにおいを嗅ぎながら、育てていく喜びに胸が高鳴るこの頃です。

後日談

購入当時は、ウェグナーといえばカジュアルなデザインのゲタマ社のソファが大人気で、エレガントなこちらのソファは隠れた存在でした。希望色の実物さえ見ることができず、不安いっぱいのオーダーだったのも、今となってはいい思い出です。

専門店に頼る

専門店に、カーテンの縫製を依頼しました。

家づくりの際にオーダーカーテンの値段に驚愕して、余っていた生地で寝室の分だけ自分で縫うつもりでしたが、大きな生地の扱いは想像以上に面倒で。手伝ってくれていた夫が、「そもそも、生地の切り方が曲がっていて話にならない」と、几帳面なA型らしい意見を述べつつ早々に戦線離脱して、その代わりに手持ちの生地を送るとカーテンに仕立ててくれる業者を、インターネットで探してくれたのです。

幅2m、高さ2mの窓にかけるカーテンの縫製料金は、送料を含めて約5000円。便利な時代になったものだとありがたく思うと同時に、無理してまですべてをやろうとしなくていいのだと安堵しました。真四角ですらなかった生地が、きれいに縫われたカーテンになって戻ってきて、とても満足しています。

もう一つ。母から引き継いだバーバリーのステンカラーコートの袖口がほつれたため お直しに出しました。夫が以前デニムにあいた穴を直してもらった、修繕を専門とするチェーン店です。夫のデニムも私のコートも愛着があって、傷んだからとすぐに捨てるにはしのびない。自分では直せないダメージは、修繕やメンテナンスの店を活用して、小ぎれいに保つようにしています。

大掃除や日々の片づけなどで、持ち物を見直したり、減らしたりするたびに、自分はどれだけのものを買って捨て続けるのだろうという罪悪感を抱いていました。それに対する私なりの答えは、手に入れる際に吟味し、時には用途や好みに合うようにあつらえ、直しながら使っていくことです。

自分らしい「ものとのつき合い方」と「ものの持ち方」が、ようやくわかってきました。

後日談

寝室の厚手のカーテンはまだ仮のままで、こちらにもウイリアム・モリスの生地を使いたい。今年で引っ越して3年になるので、そろそろ生地を手に入れて同じところで縫製してもらいたいものです。

お花を生けたい

お花は好きでいつも飾っていますが、なかなか上手く生けられなくて苦手意識がありました。お花屋さんでお花を選ぶ場合は、失敗したくないのでたいてい一種類だけにして、持ち帰ったら長さを調節して、花瓶にばさっと生けるだけ。そう悪くはないものの、もっと素敵にできたらと思っていました。

そんな時に、前作『これからの暮らし計画』の取材で、フラワースタイリストの増田由希子さんに「数種類の花材を好きに組み合わせていい」と教わったのです。そこで早速、取材でいただいたお花に、元々部屋で生けていたものと、花壇から切ってきたストロベリーキャンドル、ゼラニウムの葉を混ぜて生けてみました。

花壇の花や葉が加わると、野に咲いているような自然な雰囲気になります。茎も売られているもののようにまっすぐではないから、そのおかげで動きが出る。増田先生のご著書を片手に、教えていただいたことを思い出しながら、ああでもないこうでもないと、夢中になって生けていました。

それから、毎日水を替えるたびに茎を切って一から生け直していて、それがいい練習に。なにより、植物に触れていると、やさしい気持ちになれますね。

私は小花や葉などのあしらいが多い組み合わせが好きで、たとえメインの花がなくても、これはこれでかわいらしくまとまる。花壇から切ってきた花や葉を数本ずつ足していけば、お店でそうたくさん買わなくても、素敵に飾り続けることができそうです。

「お花の生け方に、正解はありません」とは、心強いお言葉です。おかげで苦手意識が薄れて、生けることに対して前向きになれました。まずは家で毎日自主練。部屋のあちこちに、少しずつお花を飾っています。

後日談

先日、アナベルのドライリースを作りました。その際に参考にしたのは花生師の岡本典子さんの動画。お花や料理、メイクに関する動画は、文字や写真で見るよりもさらにわかりやすくて、初心者にはありがたいです。

ひとり睡眠向上委員会

「最近、仕事の負担が大きいせいか眠りが浅くて。なかなか寝つけない日もあるからスマートウォッチで睡眠のデータを記録しているの」。40代になってから、健康の話がめっきり増えました。そういえば、快眠はしばしば話題に上るトピックで、睡眠の質を上げたい人が多いようです。

睡眠は身体を休ませるとともに、頭を休める効果もあるそう。私も頭だけをアンバランスに使っている自覚があるため睡眠には気を配っていて、それがロングスリーパーや昼寝好きの言い訳でもあります。

具体的に何をしているかというと、夕食後はできるだけカフェインを摂らず、熱すぎないお風呂にゆっくりつかって、就寝時間を固定し、パジャマを着て寝る。眠りのための衣類であるパジャマは、身体を締めつけず汗をしっかり吸収してくれて、着用すると眠りがより深くなるように感じます。

眠りに関しては健やかさを自認していますが、それでもたまに寝つきが悪いことも。そんな夜は枕に肌触りのいいタオルをかけて、ピローミストをひと吹きするか、睡眠を促すラベンダーのアイピローを目元にのせる。触感や嗅覚も総動員して快適な環境をつくり、リラックスを引き出しています。

聞くところによると、質のいい睡眠のためには就寝の3時間前までに食事をし、2時間前までに入浴するのがいいそう。また、朝になったら部屋に光が入るようにして太陽の光で目覚めると、体内時計が健やかになるそうです。

「ひとり睡眠向上委員会」の活動はこれからも続く。そろそろ枕を買い替えて、ゆくゆくは羽毛布団を打ち直しに出したいなあ。

後日談

旅を口実に、新潟のシルクブランド、ドレス・ハーセルフのシルクのピローカバーを手に入れました。もちろん普段から使っています。優しく頬を撫でられているようなつやすべな肌ざわりでとても落ち着く。夫はチャコールグレーを愛用中、次は自分にブルーを購入予定です。

日本の急須

変わりゆく季節の、ほんの一瞬のきらめきを閉じ込めた上生菓子。それをほうじ茶や緑茶とともに味わうのは、極上のひとときです。

美しい上生菓子は、その味はもちろんのこと、細部まで行きわたった技や繊細な色づかいを鑑賞する楽しみもある。和菓子屋さんで生菓子を選ぶたびに、季節を先取りする日本の文化は粋だなぁと感じるのです。

このようなお菓子は贅沢品なので、大きめの仕事が終わった後や金曜日の夜などに、ご褒美おやつとしていただいています。一人で、または夫と二人で、ゆったりとお茶の時間を味わっています。

わが家は来客が多いために、お菓子用のお皿が多めです。国内の作家ものや、海外の古いもの、軽くて扱いやすい漆など、どのお皿に盛りつけようかと迷うのがまた心躍るひとときなのです。

急須はもっぱら日本の急須職人の技術力に心酔していて、急須を求めて旅をすることもあります。常滑で作陶する「甚秋窯」の伊藤成二さんや佐渡の無名異焼など、酒器や茶器に向いた土があるとされる地域には、急須の名工がいらっしゃいます。また、最近は中国茶に魅せられた陶芸家の方が作られる茶壺（中国茶用の小ぶりな急須のこと）にも注目しています。

伊藤さんの個展で手ずから淹れていただいた煎茶は、ひと口含むと、同じ茶葉とは思えないほどの深く濃いうまみ。底が広くて平たい急須に70℃のお湯を茶葉が浸るくらいわずかに注いで、じんわりと抽出していらっしゃいました。淹れ方でここまで変わるのかと雷に打たれたよう。もっと日本のお茶のことも知って、淹れ方も研究しようと思わされました。

後日談

引き続き、これらの急須を愛用しています。ところで、わが家に急須がいくつあるか数えてみたところ、なんと23（!!）もありました。そのうち、頻繁に使っているのは6つ。朝昼晩と1日中お世話になっています。

料理の新規開拓

調理家電や調理道具は極力増やさないよう心がけていますが、かといって持っている道具類をすべて満遍なく使っているわけでもありません。気づくと5年くらいご無沙汰している道具も中にはあったりします。

そこで、キッチンで眠っている道具をあえて使ってみることにしました。まずは、ガスコンロ付属のダッチオーブン。魚焼きグリルの中に入れて使うもので、タンドリーチキンや野菜や鶏肉のグリル、パン、ガトーショコラなど、どれも美味しくいただきました。特に野菜と鶏肉のグリルが気に入っていて、お肉はふんわり野菜は甘みが引き出されて、ちょっといい調味料を足せばご馳走になります。ガトーショコラも家で焼いたにしてはなかなかの出来で、あっという間に完食。でもバターとチョコレートがかなりふんだんに入っているので、なかなか危険なおやつです。魚焼きグリルに入れて使うダッチオーブンは、予熱などの手間も不要で、洗いものも少なくて済む。すっかり一軍に仲間入りしました。

また、土鍋はこれまでおでんや鍋など、冬に時たま使うくらいでしたが、今はこれで炊飯しています。ワタナベマキさんレシピのトウモロコシと梅干しの炊き込みごはんが食べたくて、家にあった無印良品の大サイズの土鍋を引っ張り出してきました。トウモロコシの甘みと梅干の酸っぱさがいいコントラストで、食欲がないときでもいただける。炊き込みごはんや混ぜごはんの類を嫌がる白米原理主義者の夫も気に入って、何度炊いたかわからないくらいです。

これまでクーザンスの鋳物琺瑯鍋でごはんを炊いていて、吹きこぼれを掃除するのがとても面倒で炊飯頻度が下がっていましたが、大きな土鍋だからか鍋のかたちによるものか、土鍋で炊くと吹きこぼれなし。それ以降、土鍋でお米を炊くようになりました。

新しい道具を買わずとも、手持ちの道具の使い方を変えたり、眠っていた道具を掘り出してみるだけで、うんと新鮮な気持ちで料理に向き合えるようになるのですね。料理の新規開拓はさまざまなかたちでできるのだなと発見しました。

おうちで運動

家にいる時間が長くて、日頃から慢性的に運動不足。結婚以来、じわりじわりと夫の体重に近づいていって、とうとう「ムーミン」と呼ばれるようになってしまいました。ああ神様！　いよいよ自主的に運動をするときがきたようです。

これまで散々挫折したのは、楽しく続けられるものと、無理なくできるタイミングが見つけられていないだけに違いない。自分なりに分析したところ、続かなかった運動はランニング、ウォーキング、水泳、スポーツジムなど、すべて家の外でやるものだったために、天気や気分、わざわざ身支度して外に出る手間など、幾多のハードルを乗り越えなければなりませんでした。

継続できている人は、「やればいいだけよ」と言いますが、それができないから、長年同じところで足踏みしている。〝これまでは続かなかったけれど運動習慣がついた人〟

のやり方に着目したら、ジム通いから自宅でのオンラインレッスンに切り替えたり、動画を見ながら運動していました。おうちで部屋着&ノーメイクで運動して、汗をかいたらすぐさまシャワーを浴びられる。これならば、だいぶハードルも下がりそうです。

そこで休んでいたジムを退会して、YouTube動画〝しなやかな体を作る毎日の9分間ストレッチ〟と、ダイエット中の人が「楽しく続けられて結果も出た」と推薦してくれた〝腰肉撃退 11分のやせるダンス〟をやることにしました。

リビングの一角にサブ機のノートPCとヨガマットも置いて、思い立ったらいつでも運動できるように環境づくり。朝食後に運動して、シャワーを浴びてさっぱりしてから仕事を始めています。

また、スマートフォンを見る時間が長くなって猫背になり、呼吸も浅くなっている自覚があるため、朝の運動が完全に習慣化したら、それらを改善するストレッチもやりたいです。呼吸が浅いとストレスを感じやすくなって臓器の機能も低下するそうなので、早めに対策しなければ。夜に、ヨガストレッチなどと一緒にやってみましょう。

お風呂時間

のぼせやすいために湯船に長時間浸かることができない、烏の行水派。長風呂な方々は、バスルームで何をしているのだろうと気になっています。そんな私ですが、バスルームの滞在時間は短いものの、その分しっかりリフレッシュしたいので、お風呂時間のためのアイテム探しには余念がありません。

入浴剤は国内外の様々な製品を使っていて、やさしい香りが癒やしてくれる、オーガニックブランドの先駆けであるヴェレダのバスミルクを使っています。夏ももちろん入浴剤が欠かせなくて、シトラスなどの爽やかな香りがさっぱりします。冬は、温め効果を求めて、高濃度炭酸入りで温め効果の高い、花王の「バブ・メディキュア」を愛用。子供の頃から親しんでいたツムラの「日本の名湯・登別カルルス」も、その時の冷え具合や疲れ加減によって使い分けています。

シャンプーの際にukaの「スカルプブラシ・ケンザン」を使うようになったら、皮脂やヘアケア剤をよりきちんと洗い落とせているみたい。また、頭皮用美容液をつけてのヘッドマッサージも効果があるそうで、普段からこれでマッサージしています。顔のたるみがきゅっと元通りになりますようにと願いながら、こめかみ周辺のコリを念入りにほぐす。ついでに頭のツボ押しもしています。

そして、暑い季節にオーガニックブランド、ザ・プロダクトの「ドライシャンプー」も使うようになりました。さっぱりしたいけれど1日に何度も頭を洗うのはなぁという時や、外出時にスプレーすると、汗のべたつきや気になるにおいも抑えられます。ボディミストとしても使えるので、運動した後にしゅっとひと吹きしてもいい。植物由来のアルコール成分が配合されているために、手指の殺菌にも使えるそう。防災用に備えておこうと購入しましたが、普段からかなりの頻度で使っています。

あとは、湯船に浸かりながら防水のスマートフォンでドラマを見たりラジオを聞いたりもしています。ドラマはNetflixやアマゾンプライム、ティーバーなどのアプリで。ラジオはラジコでまとめて追っかけ再生しています。

カゴを編む

忙しくしていても、何かしら続けている習い事。知らない分野に挑戦するのがたまらなく刺激的で、お教室をはじめ、様々なワークショップにも参加してきました。これから半年ほど勉強の時間がぽっかりと空くため、ちょっと趣向を変えてバスケタリー、つまりはカゴ編みを習おうと思っています。

数年前から家でできる手づくり系の趣味を持ちたいと考えていて、どんなものがいいかなと自分の中に潜んでいるテーマを探っていました。刺繍や縫いものは得意だけど、目が悪くて片頭痛持ちなのでちょっと避けたい。そして、できれば自然を感じられるといい。と、ここまで考えたところで、そういえばカゴには幼い頃から妙な執着があるなと思い出しました。

海外を旅してたくさん目にした、暮らしの道具としてのカゴ。フィンランドのマーケットでは、土のついたじゃがいもがカゴに盛られていました。白樺の皮で編まれたカゴは、品のいいお嬢さんのよう。フランス・バスクの栗の木で編んだ四角いカゴや、ベトナムの細工が細かいカゴもいい。そして、日本各地にも多種多様な素材と編み方のカゴがあります。

ではどこで習えるの？と調べたところ、情報は少なく、まわりでやっている人もいなくて、教室探しにはかなり苦労しました。もちろん「カゴ編み、教室、東京」などとインターネットで検索してもめぼしい情報は見つからず、結局、インスタグラムのタグを1枚ずつ丹念に追って、素敵な写真をかたっぱしから見て探しました。

ひとつのテーマに没頭して、技術を積み上げていく人に憧れます。自然の素材に向き合って、ひたすらに手を動かす。私もいつかは紅籐や柳、あけびなどの素材でカゴを編めるようになるでしょうか。

後日談

レッスン2回目で、早くも籐のカゴバッグを作ることになりました。変なところだけ細かい性格のおかげで、ぎゅっと詰まった編み方に。母が編んでくれた、甲冑のように固くて重いセーターを思い出しました。これは間違いなく血ですね。

洗濯機、縦型かドラム式か

突然ですが、洗濯機の話です。

節水をうたったドラム式洗濯機がシェアを伸ばしていますが、わが家はずっと縦型の洗濯機を使っています。今使っているものも年数的にそろそろ寿命を迎えそうですが、次に買い替えるものも縦型一択です。

家を建てるときは、設計士さんに「ドラム式洗濯機が入らなくて本当にいいのですね」と何度も確認されたうえに、建築中に大工さんから「一応確認ですが、この設計図だとドラム式洗濯機は入らないです。それで大丈夫でしょうか」と親切に問い合わせの電話が来たほどでした。

それくらいドラム式洗濯機全盛の現在ですが、縦型派にも言い分があります。まず、設置スペースが少なくてすむこと。わが家は洗濯機を扉の中に入れて隠しているので、上に開くほうが都合がいいのです。

もちろん、それだけではありません。私が洗濯機に求める機能は洗うことで、乾燥機能はほぼ使っていません。ところが、よく見るとドラム式は乾燥機と似た形。つまりは乾燥機能を得意とする機械なのかもと思いました。また、ドラム式は節水という強みがありますが、その分摩擦で衣類が傷むと友人が嘆いていたのを聞いたことがあります。繊細な天然素材の服ばかりで、できればすべてソフト洗いにしたいくらいなので、それがドラム式を選択しなかった最も大きな理由でした。ちなみに、タオルなどの絡みを軽減するために、洗濯時にはニトリのクリーニングボールを入れています。

冷蔵庫も同じで、選ぶポイントは野菜室の位置。働く女性が増えて冷凍庫を重視する傾向が強まり、省エネという点でも有利な、冷凍庫が中段にあるものがほとんどになりました。でも、私の場合は野菜室を頻繁に開閉するため、トレンドとは逆行しますが、野菜室が中段にある冷蔵庫を少ない選択肢の中から選んでいます。

「売れている」「評判がいい」という言葉は安心感をくれます。でも、はたしてそれが本当に使いやすいものでしょうか。後悔のないもの選びのために、流されず、しばし立ち止まって、自分のニーズを探っています。

旅に出られないときは

旅やアウトドア、外食など、楽しみの多くが家の外にありました。でも、いつでも思い通りになるわけではありません。もどかしさもありますが、○○○に行けない、○○できないと嘆くよりも、できる範囲で楽しむことにします。

家でも外とつながりたくて、キャンプ用のチェアを手に入れました。機能性と座り心地に定評があるヘリノックスのアウトドアチェアで、ぬくもりあるおうちのような白いテントが有名な、デンマーク・ノルディスクとのコラボモデルです。帆布に似たナチュラルな色の生地は、家のインテリアにも調和します。

このところ、アウトドアアイテムをベラ活（ベランダ活動の略）用に購入する方が急増しているそうです。私は、ゆったり座りながら読書をしたり映画を見たりするために、専用のオプショナルパーツをつけて、ロッキングチェアにカスタムしました。

また〝行ったことのない国々の料理を作ってその国の動画を見ながら食べる〟という活動を、夫と二人、家でひっそりやっています。最初は世界一周という案もありましたが、未知のエリアがいいよねと、シルクロードを中国からイタリアへかけて旅することに。中国の刀削麺、ウズベキスタンのプロフという野菜と羊肉のごはん、トルコの鯖サンドなど、レシピを探して日本で手に入る食材で作りました。正解はわからないながらも、作ってみるとどれもなかなかで。どのような国なのだろうと調べたり本を読んだりして、見知らぬ国への興味も深まりました。

このように、旅に出られなくても、いくらでも楽しいことは探せます。楽しいことをしたいというアイデアと実行力があれば、誰でもできる。もちろん、人の真似でも構いません。

そして、お取り寄せや海外からの個人輸入も、旅を渇望する気持ちをなだめてくれます。それなりに送料がかかるので、数人でまとめて注文することも。食べ物の効果は絶大。お茶やお菓子、果物など、現地の味を取り寄せて、なんとかしのいでいます。

アートを飾る

この本や数冊の書籍で撮影をしてくださったカメラマン西希さんの作品展で、作品を1枚買い求めました。初めて手に入れた写真作品。白木のプレーンな額に入っていて、部屋のどこに飾ってもすっと馴染みそう。作品を手に家の中を歩き回って、寝室のチェストの上にそっと置きました。

インテリアがシンプル傾向になっている今、家具でその人らしさを出すのはなかなか難易度が高いなと感じています。そこで、アート。よほど仰々しいものでなければ、気軽に足したり引いたりできるため、初心者でも取り入れやすいです。

たとえば絵や写真、オブジェ、デザイン性の高いポスターなど。そして、拾ってきた落ち葉やポストカード、お子さんの描いた絵を額装しても素敵です。壁にピンが打てなければ、外国の絵本や写真集を棚の上に立てかけてはいかがでしょう。

私はイラストレーター・和田誠さんの作品を、ワークスペースに飾っています。和田さんは本の装丁なども手掛けていたため、いい本づくりができますようにという願いをこめた、お守りのような存在です。

家族写真を部屋に飾りたいのですが、ちょっと気恥ずかしいので、代わりにイベントで描いていただいた似顔絵を飾っています。書籍の挿画を担当してくださったイラストレーターの山﨑美帆さんによる、人を猫に見立てた〝ねこ似顔絵〟。そして、タイの漫画家、ウィスット・ポンニミットさんにも描いていただきました。絵の雰囲気に合う額探しも、アートを楽しむプロセスの一部です。専門店やアンティークショップを覗いて数年がかりでのんびりと探しています。

そして天井の穴は目立ちにくいため、賃貸時代はヒンメリやモビールをよく天井から吊るしていました。ヒンメリやモビールは軽いので、プッシュピンで十分固定できます。もし落ちてきても、ケガをすることもなく安心。お子さんがいらっしゃるお宅にもおススメです。

Part 4

季節の楽しみ

二十四節気と七十二候

「よかったら使ってね」

同時期に2人の方から二十四節気（にじゅうしせっき）カレンダーと、詩人の白井明大さんが作られている七十二候（しちじゅうにこう）の「歌こころカレンダー」をいただきました。季節のわずかなうつろいに耳をそばだてながら暮らしている方たちらしい、センスが光る贈りものです。

二十四節気とは、太陰太陽暦を使用していた頃に、1年を二十四、約半月ずつに分けて、季節をあらわしたものです。七十二候も、同じく昔の中国で考案された季節の区分で、二十四節気をさらに細分化し、初候・次候・末候の3つに分けて、5日ごとの区切りとしています。七十二候は、日本の気候風土に合わせて何度か改訂されて、現在の形になったそうです。

「歌こころカレンダー」によると、たとえば4月4日は「弥生、春分、末候、雷乃発声」とあります。雷がゴロゴロと鳴りはじめると、それが春の訪れのサイン。春の雷は〝虫出しの雷〟とも言われ、外に出て活動を始める頃を示すそうです。

普通のカレンダーや手帳では知りえない気候の移り変わりや動植物の変化を、二十四節気や七十二候は教えてくれます。同じ365日でも、とらえ方が変われば、1日1日の意味は全く違ってくるでしょう。これらのカレンダーをくださった方たちが、花や食などを通じて自然の恵みや季節感を伝えるお仕事をされていることとも、きっと関係しているはずです。

そして何より、添えられた短い言葉が美しくて、毎日よく目にする場所に大切に飾りました。ちなみに、4月4日の花は、アネモネやかすみ草。それらをテーブルの上に飾ったら、わが家にも春がやってきました。

後日談

「歌こころカレンダー」を使い続けて早くも3年が経ちました。5日おきに紙をめくるのがすっかり習慣になっていて。暦につけられた名前や季節を表現する言葉の的確さに、なるほどなぁと毎回感心しています。

らっきょう漬け

5月から6月の、梅が出回るちょっと前か同じ頃に、らっきょうも旬を迎えます。らっきょうは血行促進（＝血液さらさら）や、むくみ・ストレスの緩和にも効果あり。思い立って、らっきょうの甘酢漬けを作ってみました。

これまでは自分が食べたくても、夫が好まないものはなんとなく我慢していました。食べ物ひとつでも自分を後回しにして、家族を優先していたように思います。けれども、特にこの10年ほどで世の中の家族観が大きく変わって、それとともに私も家族と同じくらい自分のことも尊重しようと考えを改めました。

そんなわけで、ここにきて初めてずっと食べたかったらっきょうの甘酢漬けを作るに至ったのです。作り方は、まず芽と根を切り落として薄皮を剥き、それを塩水に1週間漬けたあとに一昼夜水にさらして塩抜きして、最後に甘酢に漬けこんで1週間くらいで完成します。

特に手間取ったのは薄皮を剝く下処理で、少しでも新鮮なうちに漬けねばと夜に始めたところ、せっせと剝いてもどうにもらっきょうの山が減らない。深夜になってようやく終わりましたが、ぐったり疲れて放心状態。1kgにしておいて助かりました。そして、手はしばらくらっきょうの強烈なにおいが取れませんでした。

それだけの手間をかけた甲斐があって無事にできあがり、甘さ控えめで添加物なしの甘酢らっきょうを、おやつ代わりに一人でぽりぽりと齧っています。口さみしいときにつまむのにほどよくて。両親にもおすそ分けしたところ、「甘すぎず、酸っぱすぎなくてちょうどいい」と大変喜んでくれました。困ったことに、6月に漬けこんだというのに、8月中には食べ終えてしまいそうです。

保存食作りのために購入した、イタリア生まれの「ロックイート」の保存瓶は、ある程度密閉できるうえに、開閉がとてもラク。ぽってりフォルムの2Lとストレート型の1L、どちらも便利に使っています。来年からは、ギリギリ負担にならない量でまた作って、自分と両親で食べればいいかな。

私の保存食カレンダーに、新たな項目が加わりました。

衣替え

白いブラウスに、カーキ色のコットンスカート。打ち合わせのお相手が春めいた服装だったので、素敵ですねと伝えたら、「例年よりも早く衣替えをしたら、すんなり春のおしゃれに移行できたのよ」と教えてくださいました。早めに衣替えをして手持ちの服を把握したら、何が足りないかがわかって、無駄なく買い物ができたそうです。

私もずっと、そのやり方を採用しています。まず、今年着られそうな服を確認しながら衣替えして、次に雑誌や店頭でどんなものが出ているか見る。それから、予算に合わせてどのアイテムを新調するかを検討します。

3シーズン服をメインに、真夏と真冬のアイテムを足したり引いたりするだけなので、かつては衣替えをしなくてもいいかなと考えていましたが、衣替えで区切りをつけると、要不要のチェックができて、しかも次のシーズンの無駄買い防止にもなるとわかりまし

た。おかげでわが家のクローゼットは溢れることもなく、常に7割程度の容量を保てています。

衣替えはもうひとつ、どうしまうかも重要です。4月になったのでウールのコートや厚手のニット類はワードローブから外しましたが、薄手のコートや薄手ニットはもうしばらく続投です。

このように、冬物を全部まとめて入れ替えずに2度に分けると、クリーニングに持ち込む量も、家で洗う量も分散されます。なにより、一気にクリーニング代がかからないため、家計にもやさしいのがありがたいのです。

ちなみに、コート類はクリーニング時に数百円の追加料金を払って、保管サービスを利用しています。かさばるコートやダウンコートを預けているおかげで、春夏のクローゼットはすっきり。いつでも見渡せる状態になっています。

後日談

薄手のコートとウールコート、ダウン各2枚ずつ。このくらいがコートの適量でしょうか。ますます冬の寒さが厳しくなっているので、クリーニング代削減のためにも、薄手コートとしっかり防寒できるダウンコートだけに絞ってもいいかもしれませんね。

梅酒づくり

青梅が出回る頃は、気分がどうにも高揚して仕方ない。ふっくら肉厚な梅を見つけると、うずうずしてたまらなく、忙しいときにかぎって後先考えずに大量に買い込んでは、どうしてこんなに欲張ってしまったのか……と半ば後悔しつつ、眠い目をこすりながら夜中にひとり仕込んでいます。でも、うつらうつらしながら作業するのも悪くない。梅に翻弄される1か月間なのですから。

毎年反省するものの、翌年になるとそんな苦労は忘却の彼方。家族も、何かに取りつかれたように梅しごとにはげむ姿を、遠巻きに見ているようです。

梅酒づくりの工程は、梅の実を洗って水分をふき取り、ヘタを取って、氷砂糖や酒とともに消毒した瓶に入れるという簡単なもの。ヘタを取るのに楊枝や竹串を使いますが、それだとすぐに先が折れてしまいます。そこでクリップの一辺を伸ばして使うとよいと

発見しました。

美味しい梅酒をつくるためには、いいお酒で漬けるか、じっくり何年も待つか、そのどちらかという結論が出ました。わざわざ手間をかけて作るので、せっかくだからいいお酒を使っています。単にせっかちともいえますね。夫はソーダで割って飲むため甘さは控えめにせず、梅酒用の日本酒や焼酎、泡盛、ラムなどで仕込んでいます。

梅しごとを10年近く続けて、ここ数年は周囲の人と一緒に楽しんでいます。梅しごとは初体験という友人と一緒に梅酒を仕込んだり、梅酒づくりが趣味の友人知人と情報交換をしたり。飲み比べ会と称して集まって、まるで婦人会のようです。

旬の食材で保存食や料理を作ると、季節と寄り添っていると実感する。私の保存食カレンダーは、1年中予定がぎっしりです。

後日談

いくつも並ぶ梅酒の瓶。一度すべて飲みきろうと今年は作らずにスキップしましたが、あとから少しくらいは作っておけばよかったかなと後ろ髪をひかれています。そして、梅の木を目にするたびに、次の春が待ち遠しく思える。梅への恋心は膨らむばかりです。

ノンアルコール派の梅しごと

　またまた梅の季節が巡ってきました。お酒が飲めない自分のために、毎年甘さ控えめですっきり飲める梅シロップを仕込んでいます。疲労回復効果のあるクエン酸をたっぷり含んでいるため、梅雨時期や夏場に飲むと、バテバテな体を生き返らせてくれます。初めて黒糖と氷砂糖半々で漬けたシロップが、良い梅だったこともあって抜群の出来で、それを超えるものは残念ながらまだ作れておらず、毎年配合を微調整しています。

　私はいつもシロップを漬ける前に、梅の実を冷凍します。そうすると組織が壊れて、成分が抽出しやすくなるのだとか。室内に涼しい場所がないため、発酵防止も兼ねて、そのやり方にしています。

　梅をはじめとする果樹は、実りの多い表年と少ない裏年があるそうです。今年は裏だとみなが残念そうにしていて、お目当ての産地の梅が手に入らなかった人もいたみたい。

そんな年や、旬の時期を逃してしまっても、冷凍梅ならば比較的容易に手に入ります。私もシロップを早くに飲みきってしまったら、冷凍梅を取り寄せて、次はコーディアルやジャムを仕込もうと計画しています。

そして、完熟梅を砂糖やハチミツで煮た、コンポートもおすすめです。コンポートは鍋ひとつで手軽に作れて、すぐに食べきるから瓶などを煮沸する手間もないのが魅力。煮るときに出るエキスを緩めのゼリーにすると、極上のデザートになります。

スタイリストの四分一亜紀さんにいただいた青梅のだし醤油漬けも、刻んで素麺や冷ややっこにのせてすぐに食べ終えてしまったので、自分でも作ってみたいです。

丸々とした実が愛おしい。わずかな梅の季節を、目いっぱい楽しみましょう。

後日談

読者の方に、梅味噌を作っておくといいと教わりました。大まかなつくり方は、梅の実に砂糖をまとわせて、味噌で包んで1か月ほど置く。種を取りのぞいてミキサーにかけたら出来上がり。サラダや和え物に使えるそうなので、来年挑戦します。

雨の日の支度

　ポツポツと雨のしずくが空から落ちてきたと思ったら、瞬く間に土砂降り。また、朝起きてカーテンを開けたら、しとしとと小雨が降っている。植物にとっては恵みの雨だとわかっていても、梅雨の時期は気分が低空飛行になりがちで、面倒くさがりの私は外に出るのも億劫になります。

　雨の日の外出が憂鬱な最大の理由は、靴が濡れること。そうわかっているから、あらかじめ滑りにくくて濡れてもいい雨靴を用意しています。歩きやすいフラットシューズや、大雨対策に長靴も。足元さえガードすれば、雨の日の憂鬱は軽減されます。

　次に傘ですが、私は長傘2本と折りたたみ傘1本を持っています。長傘はかつて愛用していた高級傘をタクシーに置き忘れてなくした経験があるため、今は万一紛失しても諦めのつく金額で選んでいます。その代わりに、長傘と比べて紛失する確率が少し下がる折りたたみ傘は、奮発してトラディショナル・ウェザーウェアの傘にしました。この折りたたみ傘にはトート型の専用袋がついていて、それが持ち運びにいいのです。

これら長短3本の傘に加えて、薬局などで売られている軽量で安価な折りたたみ傘も併用しています。鞄に入れておけば、突然の雨でも安心。これまでにも何度となく助けられました。

とにもかくにも、「雨＝気分が滅入る」という図式にならないように、雨の日になると使えるちょっと嬉しいものを準備しておきます。傘も靴も、毎日使うわけではないから、そうは傷みません。何年も使えるので、わざわざ揃えても十分元が取れます。

ちなみに、私は洋服が地味色なため、レイングッズは明るい気持ちになれる色と柄を選んでいます。雨の日の秘密兵器です。

後日談

相変わらず、雨が降ると外に出たくなくて、天気予報を見ながら入念に外出計画を立てています。ここ数年の雨の降り方はちょっと怖いくらい。フラットシューズでは心もとなくなり、今は汚れにくいスニーカーと長靴が雨の日の定番です。

台湾の枝豆料理

力強いうまみがぎゅっと詰まっている夏野菜は、調理がラク。茄子は焼いたり揚げたりして、トマトは切って盛りつけ、トウモロコシは蒸篭《せいろ》で蒸すだけ。色鮮やかな夏の食材をどう食べようかと、心が躍ります。

その中で登場回数最多は、枝豆です。新潟出身の夫の郷土の味ですが、東京のスーパーマーケットで買う枝豆は決して安くないので、毎回しばし逡巡してから、結局えいっとかごに入れるのです。

新潟の義実家では茹で枝豆のお皿が食卓にどんと鎮座し、おやつ代わりやおつまみに、家族がつまんでいました。枝豆のかたわらに苺のパックで作った枝豆の殻入れがあるのが、日常に溶け込んでいるさまをあらわしています。

私が子供の頃、母の手伝いで床に座りこんで読み終わった新聞を広げ、枝からさやをパチンパチンと切り離す作業が好きでした。今は枝豆を茹でていて、ふっと緑色が濃くなる瞬間に魅せられます。

枝豆を茹でる際は、1Lの湯に対して大さじ2強の塩を用意し、その半量を産毛を取るように枝豆にもみこみます。沸騰した鍋に塩がついた枝豆と残りの塩を入れて、再沸騰してから4分茹でる。簡単な料理ほど、火の通し加減が美味しさを左右するので、引き上げるタイミングに目をこらすようになりました。

塩茹でした枝豆は味つけして食べるのもいい。「黒胡椒炒毛豆」は、台湾ではおなじみの小皿料理。茹でた枝豆を、にんにくと唐辛子で香りづけした胡麻油でさやごと炒めて、鍋肌から醤油をまわしかけたら、仕上げに黒胡椒をたっぷり挽きます。さやがまとったうまみをちゅうちゅう吸いながら食べると、もう止まりません。暑い季節に、ビールが進む一皿です。

後日談

台湾好きの友人たちの間で、「ほら、あの毛豆料理」と呼ばれるこの料理。レシピは台湾風枝豆、枝豆の黒胡椒炒めというキーワードで検索を。東京のスーパーでは枝豆は高級品なので、枝豆をふんだんに食べられる地域の方が羨ましいです。

暑さとつき合う

夏は、暑さと紫外線の対策も万全に。じりじりと日射しが強まっているため、これまで以上に日傘のお世話になるつもりです。

数年前に購入したサンバリア100の日傘は、紫外線と赤外線、可視光線すべてを100％カットする製品。モデルさんをはじめ、プロ意識の高い男性芸能人も愛用している逸品としてテレビで紹介されたこともあって春夏はほぼ手に入らず、秋になってようやく購入できました。使ってみるとたしかに体感温度が下がり、暑さをしのげているという実感が。機能性は星5つ。真夏の必需品のため、壊さないように大切に使っています。

ちなみに、熱帯の国に住んでいた友人は同ブランドの帽子も愛用しているそう。つばが広くて、顔や首筋もしっかり隠れて安心できると言っていました。

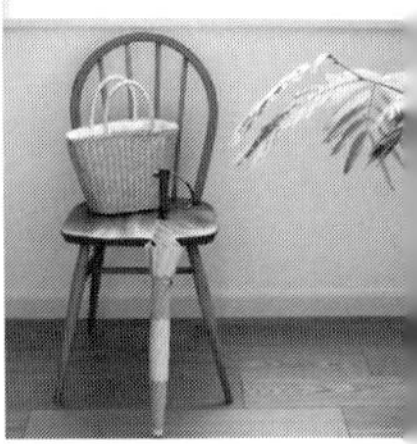

日本よりもさらに暑い国々では、暑さ対策のために大きく育つ街路樹を植えて日陰を生み出したり、地下通路や屋根のある通路を整備して、強烈な暑さから逃れる工夫をしているのを目にします。そして観光客以外の地元の人たちは、最も暑い時間にはあまり出歩かず、朝や陽が沈んでから俄然活動的になります。屋台やかき氷店に遅くまで人々が集っているのは、せめて夜に出歩きたくなるからでしょうね。

ちなみに、これまた暑さ厳しいベトナムに精通している料理の先生いわく、夏バテになるのは水分不足が原因であることが多いそうです。そのため、利尿作用のあるお茶やコーヒーではなく水や吸収のいいスポーツ飲料をたっぷり摂ることが、夏バテはもちろん、熱中症の予防にも効果的です。

私は汗がかけなくて熱が体内に籠りがちなので、例年以上に無理をせず、水分摂取も心がけます。気候が変われば、行動も変わる。暑さと上手くつき合っていきましょう。

後日談

7月の末に義実家から新潟産の桃が送られてきました。何層も重なった奥行きのあるうまみ。こんなに美味しい桃は、食べたことがない。みずみずしい果物で身体が潤います。芳醇な香りと味わいに感動したため、来年は自分で注文します。

ゆるキャンプ

夏のキャンプは涼しい高原で。昨年の夏は、群馬県の丸沼高原でキャンプをしていました。

丸沼高原は標高１５００ｍに位置するスキー場を利用したキャンプ場で、山の斜面にテントを張るため、場所取りはかなり重要です。余裕を見て家を出ましたが、あいにくその日は連休初日。渋滞で予想の倍の時間がかかり、地元のスーパーに寄ってキャンプ場に着いた午後2時頃には、すでにかなりの数のテントが張られていました。

タープとテントを張って折り畳み椅子とテーブルを出したら、ひと段落。夫は「まずは一杯」と、嬉しそうにビールを手に取りました。ごはん重視派のキャンパーであれば、すぐに夕食づくりを始めるでしょうが、私は自然の中でだらりとする「ゆるキャンプ」派のため、持ってきた本をめくることもなく、爽やかな高原での昼寝にあてました。

ごはんづくりは、いつも4時頃から始めます。日没後は明かりがないと手元が見えず、調理しにくいので、日があるうちに作って食べます。山キャンプでは、地元産のお肉や野菜を炒めて、サラダを添えるくらい。この日はパエリアも作りました。

海キャンプではさらに手抜きで、新鮮な海産物を炭火で焼く、それだけ。新鮮な食材は、どう調理したってご馳走に決まっています。あとは、ご当地の豆腐やパンを食べ比べたりしています。

私たち夫婦は登山をきっかけにたまにキャンプもするようになったために、一般的なオートキャンパーよりも装備は少なめ。そのため、キャンプではカセットコンロや家で使っているフライパンなどを使っています。

ごはんに凝りすぎず装備も少ない「ゆるキャンプ」は準備に負担がないため、うんとリフレッシュできる。肩ひじ張らない、らくちんなスタイルが性に合っているようです。

後日談

夏のキャンプは涼しい高原で。相変わらずゆるキャンプを続けていますが、たまには電源やWi-Fi完備のコテージにロングステイしてみたい。朝自然の中を散歩して、日中はコテージで仕事をして、夜は焚火という生活に憧れています。

防災の日にやることは

9月1日は、防災の日。毎年この時期に、家に置いてある防災用品と備蓄品の確認をしています。そして、地震や大雨などの自然災害もますます身近な脅威となりつつあるので、外出時に持ち歩く防災ポーチも用意しました。もしもの時にすぐに頭が働かなくて初動が遅れるタイプだろうと踏んで、身を守るために持ち歩いています。

まず防災ポーチ自体も、もちろん軽いものをチョイス。旅やキャンプでも大活躍の、モンベル「U.L.MONO ポーチS」というショルダー（23g）を流用しています。

その中身は、イソップのアルコールジェル「リンスフリー・ハンドウォッシュ」と、除菌ウェットティッシュ、大判ハンカチ、使い捨てマスク、使い捨てカイロ、LEDミニライト、モバイルバッテリー、お菓子少々、パッカブルリュックなどです。

おススメしたいのはモンベルの「バーサライトパック15」というパッカブルリュック。

容量15Lサイズで、なんと重さ99g。数字ではピンとこないかもしれませんが、マクドナルドのハンバーガーと同じくらいといえば、その驚異的な軽さが伝わるでしょうか。たたむと手のひらに乗るくらいなので、バッグに入れておいても負担になりません。外出中に荷物が増えたら、おもむろにリュックを広げて、背負うこともできます。

非常時は、両手をあけておきたい。私は非常時はモンベルのショルダーに貴重品を、リュックには持ってきたバッグを入れるつもり。平常時ももしもの時も、備えあれば憂いなしと祈るばかりです。

家に置いている防災用品は、ハザードマップ（地震、洪水の被害予測地図）の情報と自宅の耐震性能から、有事の際は自宅にいることになるだろうと踏んでそのための備えをしています。水やローリングストックのほかに、ヘッドライトや太陽光で充電できるLEDランタン「キャリー・ザ・サン」、寝袋、ウエア、山用の食料など、こちらも使い慣れている登山&キャンプ用品をできるかぎり流用。そして、入浴後のお湯はそのままとっておく、冷蔵庫が完全にからっぽになる前に買い出しなど、〝いつなにが起きるかわからない〟という前提で気を緩めずに生活しています。

秋の手仕事

秋になると、やりたくなることは、縫いものと繕いもの。そろそろ、家でゆるりと手を動かしましょうか。

縫いものは、柄が気に入って買ったものの、サイズが大きくて出番の少なかった服をほどいて、巾着バッグに仕立てるつもりです。やわらかな生地だから、張りのある裏地にして、肩掛けバッグにしたらどうだろう。元々がパンツなので大きいものは作れませんが、タッセルなどの装飾を加えて、市販品にはない凝ったバッグにしたいです。

ちなみに最近、まち針の代わりにクロバーの「仮止めクリップ」を愛用しています。挟むだけで固定できて生地に穴があかず、落としても危なくないため、かなり便利に使っています。

繕いものはセーターです。秋冬に、部屋着やパジャマとしてほぼ毎日着ていたジョン・

スメドレーの薄手セーターの脇部分に穴があいてしまいました。そうしたら暮らしの装飾家であるミスミノリコさんが、ご著書の中でそれを愛らしく繕ってくださったのです。ミスミさんのご本、『繕う暮らし』と『繕う愉しみ』（ともに主婦と生活社刊）で紹介されている「ダーニング」という補修の技法は、繕った箇所がかわいいワンポイントになります。手持ちの刺しゅう糸や毛糸で手軽に直せて、愛着も増す。穴のあいたニット類がないか、探しているところです。

秋冬の私は「おうちモード」。家に籠ってぬくぬくと、満ち足りた時間をすごしたい。縫いものや繕いものをはじめ、持ち物の手入れやお菓子作り、オーブン料理の研究なども、毎年秋冬にじっくり取り組みたいことです。

後日談

秋のはじめに、ニット類の毛玉と傷みチェックをしています。薄手のニットは繊細なので、わきの下のチェックを忘れずに。現時点ではお直しが必要なものがなくて、いいことだけど、ちょっぴり残念です。

シルクに包まれる

シルクは、どんなに高機能な素材にも負けない素材です。薄くて軽くて涼しいのに、暖かい。旅がきっかけで、洗うとすぐに乾いてかさばらないシルクに惚れこんで、年に1着くらいずつワードローブを増やしてきました。

シルクは3シーズンどころか、1年中着ることができます。春や秋は、温度の変化があるので、薄い服を重ね着していると安心感があります。年々暑さが増している夏は、さらに暑い国々でも涼しく着られて、そしてなぜだか旅先でよく褒めていただけます。冬はインナーとニットの間に着ていて、これを1枚挟んでいると空気の層ができて熱をためこみ、暖かさが増すのです。

最初に手に入れたのは、メゾン・ド・ソイルのインド製カディシルク（手紡ぎ糸を手織りした生地）の黒いワンピースでした。1枚で着るには心もとないくらい軽く、パンツと重ね着しています。外出はもちろん、部屋着、はたまたパジャマと、1枚で春夏秋の3シーズンをすごせて、コスパが良いどころではありませんでした。間違いなくここ数年間で最多着用の服です。

ふんわり押しつけがましくない包容力があり、とろっとなめらかな肌ざわりで気持ちが安らぐ。元々天然素材が好きでしたが、特に家では、化繊よりも天然素材をまとっていたい。年々その嗜好が強まっています。

その万能さに気づいたのは、着用して2年目のこと。そこから急激にシルク熱に火がついて、ディティールがおしゃれなヌキテパのワンピースも手に入れました。それでもシルク熱はおさまるどころかますます沸騰中で、できるならば時間をかけてクローゼットをシルクの服でいっぱいにしたい。着るたびに信頼を深めています。

ちなみに、私が選んでいるのは普段着としてのシルク。だから家で洗えることが絶対条件で、洗濯機のおしゃれ着コースか、もしくはささっと手洗いしています。高級素材を普段着にするという贅沢を知ってしまってどうしましょう。せめて、シルクのパンツは生地を探して手づくりしようかなと考えています。

秋の休日

日本に住んでいる台湾の友達、有名ブロガーの明太子さんとともに、世田谷線の松陰神社前駅周辺（東京都世田谷区）をぶらり散策。お昼に焼魚定食を食べて、たっぷりお喋りしながらお茶を飲みました。

松陰神社前駅には、小規模な商店街があります。古くから続いている店と、新たな名店が混在しているのがこの町の面白さで、地に足のついた店々には、繰り返し訪れるおなじみさんが多くいます。

私のいつものコースは、「ノストスブックス」で本を、「メルシーベイク」で焼き菓子を買い、お向かいの「カフェ・ロッタ」で読書しながらお茶を飲む。そして、帰りがけに「ブーランジェリー・スドウ」か「ニコラス精養堂」のどちらかを覗いてパンを買い、今夜は何も作りたくないという日は「美の輪寿司」で大阪寿司を購入します。商店街の

中ほどにあるお花屋さんは、他のお店と比べて切り花の持ちが抜群にいいので、訪れたときは必ずお花も買い求めています。

食事をするならば、空間もおしゃれなフレンチビストロの「ラ・ゴダーユ」で。以前、別の台湾の友達をここに案内しましたが、かなり日本に詳しい人だったこともあり「こういう、あなたが普段から通っているお店に来たかったの。とっても美味しい！」と喜んでいただけました。

こんな風に、毎回ぐるっとまわるコースは決まっていて、いつも夕方頃に美味しいものを抱えて帰ることになる。だから、松陰神社は幸せな夕日のイメージなのです。

ここまで来たら、ほのぼのした路面電車の世田谷線で松陰神社前駅から4駅の山下駅で下車して、豪徳寺へも足を延ばしてほしい。豪徳寺は国内外からの観光客に大人気のお寺で、こざっぱりと手入れされた敷地の一角にずらっと並ぶまねきねこの姿は圧巻ですよ。ぜひとも、落ち葉を踏みしめながら歩いてほしい街です。

後日談

心から愛していたおでん種の店、「おがわ屋」が閉店して悲しいかぎりですが、世田谷線の上町駅近くにある「手づくりねりもん　よね屋」がその味を引き継いだそうです。斜め前には台湾肉包の店「鹿港」があるため、2軒はしごするのもいいかも。

冬のクローゼット

冬のニットは、2パターンあればいい。年々、そう確信を強めています。

まずは、ベージュやオフホワイト、ライトグレーなどの顔映りのいい淡色トップス。冬はどうしても暗い色ばかりになりがちなため、顔まわりに軽い色を持ってくるようにしています。乾燥肌の私には光沢のないマットな素材感のニットは鬼門なので、モヘアやカシミアなど、華やかさのある素材でツヤ感を足しています。

そして、色柄もののボトムスに合わせるのに、やはり黒や紺などの濃色のトップスも持っていたい。合わない色がないオールマイティなアイテムなので、1枚あるとコーディネートに悩まずに済みます。

昨年、着倒したセーターを数枚処分したこともあって、今シーズンはキャメル、オフホワイト、黒の3色でやりくりしています。ちなみに、私は重ね着がどうもうまくできなくて、持っているニット類のほとんどはセーターです。けれど、今のところ特に不自由はしていなくて、それどころか、ニットの色数と形を絞り込んだおかげで、「色が合わない」「バランスが取りにくい」というコーディネートの失敗も激減。服がきまらなくて気分が上がらない、ということもなくなりました。

新しいものを買えばおしゃれになれるとは限りません。私の場合、ニットは2パターンだけと決めて、失敗を減らす方向へと舵を切ったのが効果的だったようです。それがボトムアップにつながって。そして、ニットの種類と枚数を削った分の予算で1枚質のいい服を手に入れたり、バッグやアクセサリーなどの小物類を増やしたら、カジュアルからおめかしまで着こなしの幅が広がって、TPOにも対応しやすくなりました。

ここ数年、「ワードローブを制服化する」という考え方が広がっているのも、きっと同じことでしょうね。これからは、合理的に楽しく服選びをしていきます。

後日談

基本的な考え方は踏襲しつつ、部屋や電車内、移動時は厚手のニットだと暑すぎるので、薄手〜中厚手のニットだけで良いのではという仮説を立てています。そして、毛玉のできないニット探しも続行中。ジョン・スメドレーが最適解にも思えます。

大掃除の前準備

年末が近づき、手帳のページが残り少なくなってきました。カレンダーもあと1枚。年々、1年がすぎるスピードが増しているように感じます。

私は毎年、師走前の11月頃に、少しずつ大掃除を進めています。寒くて慌ただしい大晦日にわざわざ掃除をすることに、以前から疑問を感じていたからです。

大掃除は持ち物の取捨選択と掃除の2ステップ。この2つを同時にやろうとするから、混乱して遅々として進まないのです。だから、まずは時間を要する不用品の選別を先に行います。目安は〝この1年で1度でも使ったか〟と〝傷みはないか〟。ゴミの日の前日に、袋を片手に家のすみずみまでチェックしていきます。

持ち物の選別が終わったら、次はゴミ出しです。粗大ゴミも年末近くなると混み合いますから、年内にケリをつけたければ、早めに連絡しましょう。

そして、並行して掃除道具を用意します。私はいつも、近所の薬局やスーパーでまとめて購入するか、インターネットで注文。なかでも使い捨ての掃除用ウェットシートは、雑巾代わりに使える頼もしいアイテムです。そもそも、雑巾を洗ったり干したりするのがとにかく苦手で、拭き掃除を億劫に感じていたことから、使い捨てのシートを導入。ストレスの元がなくなって、すーいすいと拭き掃除ができるようになりました。

もうひとつ、面倒だった布巾の煮沸や洗濯も、飲食店などで利用されている使い捨てのカウンタークロスで解決しました。洗いながら繰り返し使えて、最後は床をさっと拭いてゴミ箱にポイ。厚手タイプがおすすめです。

大掃除はとにかく早めに始めるのが吉です。今年の大掃除が、少しでも楽に終えられますように。

後日談

例年11月にものの選別をして、普段から週1でフィルター掃除までしているため、年末の掃除はせいぜいキッチンの換気扇内を掃除するくらい。こちらは夫にまかせて、私はたいていごーろごろとしています。年末は何もせず、もっぱら怠惰にすごす主義です。

年末年始のすごし方

「おせちを作りたくない！　年越しは海外でゆっくりすごしたい」

義母の一言で、年末年始に帰省せずに、夫の家族と共に旅行することになりました。たしかに、年末年始の数日のためにおせちを作り、家を掃除し、帰省する子供たちのために布団を準備する義母の負担はどれほどのものでしょう。そろそろ形を変えてもいいかもねと皆が同意し、私たち夫婦が旅の手配をしました。

年越しの旅はさすがに金額が跳ね上がって予算を大幅に上回ったため、ハイシーズン前で穴場のクリスマス前後に、3泊4日で台湾へ行ってきました。夫の家族とはお盆とお正月くらいしか会えませんが、傍から見てもなかなか仲の良い家族で、いつも笑いが絶えず楽しそうにしています。

今回の旅では、義父のリクエストで台北郊外の十份で願い事を書いたランタンを飛ばして、映画『千と千尋の神隠し』を思わせる九份を歩いてお茶を飲み、淡水で水辺を散

策し、台湾一の高さを誇る台北101に上って、故宮博物院へ行くという王道コースを巡りました。

盛り沢山で移動も多い行程だったため、体力のない義母が体調を崩さないか危惧していましたが、最後まで好奇心旺盛にすごせていたよう。義父も義姉も嬉しそうで、添乗員役の私もひと安心しました。

子供たちが大きくなっても一緒に旅できるなんて幸せです。仲が良く、健康でないとできないことですから。結婚して初めての、実家に帰省しないお正月。家族とのすごし方や関わり方も、このように少しずつ変わっていくのですね。この先も、家族が健康であってほしいと願うばかりです。

後日談

その次の年はこれまで通り普通に帰省して、義実家の歓待を受けました。少しでもラクしてもらえたらと、お年賀代わりにふぐさし&ふぐちりセットを送り、みんなで鍋を囲みました。

帰省の荷づくり

毎年、年末年始は帰省や旅行の予定を入れている方も多いことでしょう。

私の旅の手荷物はハンカチ、ウェットティッシュ、財布、携帯電話、充電器、折り畳み傘、海外旅行ではさらに小さい水筒なども加わり、普段より多めです。

メインのバッグとは別に、財布と携帯が入る小さめショルダーをサブバッグとして持っています。貴重品やICカード類は出し入れの頻度が高く、分けてあると取り出しやすいからです。さらに手荷物が多い場合は、リュックか斜め掛けできるショルダー（ストラップ太め）が便利です。

とにかく、旅バッグは本体の軽さが重要。私はナイロン素材の旅バッグを愛用。旅は移動するだけでも結構疲れるので、荷物は軽いに越したことはないのです。

そういえば、パタゴニアをはじめとしたアウトドアメーカー各社も、小さく畳めて軽量なバッグをここ数年続々と出していますね。そして、街でそれらを持っている人もしばしば見かけるようになりました。おそらく、「身軽でありたい」という需要が商品を生んでいるのではないでしょうか。

荷物が多くていつもバッグの中をごそごそ探している方は、できれば縦長より横長で、開口部が大きく開いて、内生地が明るい色のバッグを選んでみては。私は整理整頓しやすいバッグの商品開発もしていて、商品をデザインする際はいつもこのような点を気にかけています。

トートバッグもショルダーも、「縦長よりも横長」を合言葉に、バッグを選んでみてくださいね。

後日談

帰省の服装は、清潔感のあるベーシックを心がけています。たった数日間のことなのでおしゃれさよりも、どの年代の人が見ても安心感のある普通の服を着ることに徹する。ニットかボトムスを着まわしして枚数を減らし、コンパクトにまとめています。

ひとり忘年会

今年も1年早かったな。

ここ数年「ひとり忘年会」が、私の年末の恒例行事になりつつあります。

仕事納めからお正月明けまでは、友人たちもそれぞれに予定があるだろうと、声をかけるのを躊躇する期間。でも、年末らしい浮足立った雰囲気も好きなので、一人でふらっと街へ出たくなります。

繁華街や観光地は人が多すぎるため、渋谷や新宿、銀座などは避けて、六本木の「森美術館」へ。乃木坂の「銀座ウエスト・青山ガーデン」でランチをして、美術館でアートを鑑賞し、そのあとに美術館のチケットで入館できる「六本木ヒルズ展望台東京シティビュー」へ行くのがいつものコースです。クリスマスの後に、美術館や展望台へ行く人はそこまで多くなく、観光客の数もスカイツリーほどではないため、自分のペースで

時間をすごすことができます。

ますますスピードを増して変化していく東京の街には、都会的な部分もあればずっと変わらないのんびりした風景も見つかります。空の上からそれを見ていると、焦っても仕方ない、無理をせずにできる範囲で精いっぱい頑張っていけばいいと、逆に気持ちが軽くなるのです。

この定点観測は、自分だけの儀式のようなもの。年末の「ひとり忘年会」は、自分と向き合って、これまでとこれからを見つめ直す大切な時です。そのため、私にとっては、むしろ新年の初詣よりも大きな区切りなのです。

高所恐怖症なくせに高いところへ上りたがるのは、自分の現在地を客観視して、案外悪くないいじゃないとねぎらうため。冬の低くて厚い雲もすっと晴れるような、「ひとり忘年会」をおすすめします。

後日談

年末は六本木、年始は芝の増上寺。年末年始は東京タワーのふもとにいます。東京タワーを目にすると、いくつになっても胸が高鳴る。赤と白の電波塔は、私にとってハッピーチャームのようなものかもしれません。

Part 5

毎日の小さな気づき

オーガニックファームの新鮮野菜

近所にオーガニックファームがあって、そこの直売所には野菜はもちろん、パクチーや荏胡麻の葉、すだち、クリスマスローズまで並びます。エスニック料理好きのわが家にとっては、大変ありがたい。いつも数種類購入して、新鮮なうちに食べきっています。

葉がやわらかなパクチーは、たっぷり入って1袋200円。これを手に入れたら、トッピングに使うのはもちろんのこと、いつもは贅沢だからと我慢しているパクチーサラダも作れます。

春夏に必ず買うのは、万願寺唐辛子。大きく肉厚で辛みはまったくなく、焼いたり、炒めものや煮びたしにしても美味しくいただけます。しかも、それだけでなく栄養価も高くて、ビタミンAの含有量はピーマンの約2倍だそう。油と合わせると、さらに吸収しやすくなるようです。

夏は茄子と大葉の味噌炒めもよく作ります。茄子を炒めて、酒と味噌、醤油、砂糖を足し、最後にちぎった大葉を加えてひと混ぜ。これは津軽や越後、長野など各地域で、郷土料理として食べつがれている料理。もしかしたら父の実家の長野で食べたのでしょうか。なぜか懐かしく感じる一品です。

直売所に朝採れ野菜が並ぶのは午前中。近所の人たちが、それをめがけてわらわらと集まってきます。ある日小銭がなくて買うのを諦めようとしたら、その場にいた方に、「隣の自動販売機でジュースを買って、お札を崩すといいわよ。私も他の方に聞いたの」と教えていただきました。

町内に友人や知人が皆無なため、このような緩やかなふれ合いがありがたく、せっせと直売所に通っています。そんなわけで相変わらずわが家の食卓には、ごはんがすすむ野菜のおかずが並んでいます。

後日談

直売所に並ぶ野菜が、季節を告げる。春は菜の花やキャベツなどやわらかな葉ものが多く、夏は色鮮やかな夏野菜、冬になると根菜類が増えます。その時々で必要な栄養素がたっぷり詰まった旬の野菜を食べていれば、きっと健やかでいられますね。

ボタンを替えてみる

お天気のいい日の午後、電車でおしゃれな女性を見かけました。冷房対策のために肩にふわりとはおっていたカーディガンのボタンが珍しい色と凝ったデザインで、明らかに自分で付け替えたものだったのです。

鮮やかなグリーンのカーディガンに、こっくりしたローズピンクのボタン。無駄な装飾をそぎ落とした黒いワンピースとの対比で、余計に目がいきます。身だしなみに気を配る女性は、細部を大切にするのだと気づきました。

そんな折に、池袋にほど近い街の手芸店が、大々的に閉店セールを行うという情報を入手しました。聞けば、年代もののボタンもどっさりあるとか。電車を乗り継いで駆けつけました。

ボタンは見逃されがちな存在ではありますが、上質な服には必ずといっていいほど、良いボタンが使われています。そこで、他の服に合わせやすいシンプルなデザインで、それ故に面白みに欠けていたカーディガン2枚を手に取って、そこで買ったボタンと、これまで集めてきたボタンをつけてみました。

すると、優等生のようにおすまししていたカーディガンが、1枚は地色に馴染むキラキラ光るボタンで華やかに、もう1枚は地色とは異なる色のアンティークボタンでチャーミングに変身しました。

このように、ボタンひとつでいかようにも表情を変えられるのですね。洋裁が得意で自分の服を仕立てていた祖母にはかないませんが、ボタンの付け替えは私でも簡単にできました。

これこそが、装う楽しみ。持ち物を長く大切にする喜びも味わえます。愛情をかければきっと、新しいおしゃれの扉も開くはずです。

後日談

着倒した服を処分する際に、凝ったボタンがついていたら取り外して取っておくようになりました。それを他の服に縫いつけたりもします。繰り返し着ている服につけると、まるで新しい服になったよう。

大人のファッション

「どうしたら、おしゃれになれるのかしら」。

大人のファッションは、なかなか難しい。顔も体型もごく普通な私の場合、大人っぽくすると老け込み、年相応にするとミセスっぽくなってしまいます。そして、シンプルに装うとキツく見えるし、カジュアル一辺倒だとそれはそれで「大人の女性としてどうなのか……」と感じることも。エイジレスと年相応の間を、迷いながら行ったり来たりしています。

ここ数年、ファッションがカジュアル傾向になって、たとえば若い男女の間でスウェットが大流行していました。気軽に着ることができて安価なために喜び勇んで手に入れましたが、大人向けのブランドで選んでも、やはりスウェットは若者向けの素材感で、自由業の私でも着ていける場は限られました。このように、顔や体型、ＴＰＯに合わないものも増えてきて、選べる範囲がじわじわと狭まっているように感じています。

もうひとつは、色問題です。私のワードローブは、白、黒、紺、グレー、ベージュなど、落ち着いた定番色の服ばかり。満足はしているものの、もう少し明るく装いたい。そこで、着映えする服はどういうものだろうと、映画やドラマに出てくる女性の服装を観察したら、ブルーのカーディガンやピンクのスカートなど、服のデザインはベーシックで、色で華やかさを取り入れていました。

とはいえ色に慣れていないので、まず手始めにシルバーのショルダーを購入してみました。シルバーはグレーのような感覚で使えるため、地味色好きも取り入れやすい。また、キラキラしていて、おしゃれしている気分になります。

大人になると、人それぞれ生き方が異なるように、服も好きなものを着るようになります。だから、まわりと足並みを揃えることばかり考えずに、自分の中の「好き」を探しましょう。地に足をつけつつ、上向きにいきたいものです。

後日談

シルバーの小物がなかなか使えたため、ゴールドの小物にも手を出しました。バッグや靴などの小物で、コーディネートに1点加えるとバランスが取りやすいです。キレイな色も、アクセサリーや小物類で取り入れるようにしています。

街を変えるお店

福島の安達太良山で紅葉ハイキングをしました。毎年紅葉の時期は北アルプスの涸沢が大混雑するため、今年は北を目指したのです。下山後は、ロープウェイの山麓駅前にある「あだたら山・奥岳の湯」へ。稜線と広い空を眺めながら入る露天風呂は、素晴らしい開放感でした。

その帰りに、栃木県の黒磯に立ち寄りました。大学の同級生が「Rakuda」というパン屋さんを営んでおり、ずっと行ってみたかったのです。子育てをしながら、週3日だけ営業している小さい店。周辺には力強い粉の香りがふんわりと漂っています。おいしいという評判通り、開店直後からお客さんが長い列を作っていました。

黒磯は「1988 CAFE SHOZO」をはじめ、オーナーの個性を反映した店がたくさんあります。国内外の良質なうつわや生活雑貨を取り扱う「tamiser kuroiso」も、県内外から多くの人が訪れる一軒。きっと、地に足をつけて、やりたいことを形にしやすい土地なのでしょう。

日々の生活や子育てをしながら個人が小商いをできる土地は、若い人や外からの移住者が集まり、活気をもたらします。それらが観光客を呼び、さらに良い循環を生み出す。黒磯は、そのお手本のような街だと感じました。

屋久島のロースター、「一湊珈琲焙煎所」。沖縄県那覇市にて作家活動とシーサーづくり体験も行っている「アトリエ＋ショップ COCOCO」。鳥取県倉吉市のコーヒーと音楽、インドカレーの店「夜長茶廊」、そして台湾。これまでに多くの友人が、それぞれの出身地や新たな地に拠点を移して店や窯元、工房などを構えており、その周辺からじわじわと新たな流れが生まれつつあります。

街が変わるきっかけは、一軒の店なのかもしれません。

後日談

その後、物書き料理家マツーラユタカさんと暮らしの装飾家ミスミノリコさんご夫妻が、山形県鶴岡市に移住してカフェ＆セレクトショップ「manoma」をオープンしました。たくさんの人を送り出して寂しさもありますが、友達に会いにいく旅もきっと楽しいはず。

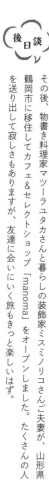

カルシウム不足

体調管理は難しい。連休頃に喉風邪をひいて、元々喉が弱いためにその後2週間近くこんこんと咳が続きました。ある朝、起きたら右のあばらがなんだか痛む。どうしたのかと気になったものの、変な場所だけど心臓側ではないし、そのうち痛みもひくだろう、しばらく様子を見るかと、のんきに構えていました。

しかし、痛みはなかなかひかず、あるときひときわ大きな咳をしたら、びしっと刺すような強烈な痛みが走ったのです。これは尋常ではないぞと取るものも取り敢えず病院へ駆け込んで整形外科で診察してもらったら、問診とレントゲンの結果から、先生はあっさり「骨折ですね」とおっしゃる。年齢には関係なく、咳が続くと骨折に至ることもままあるそうです。

あばらの骨折はこれといった対処法がなく、骨が動かないようにサポーターを着用し

て湿布を貼り、痛み止め薬を飲むだけ。手足などと比べたら日常生活にそこまで支障はないとはいえ、完治まで3か月……長いです。

骨が折れたということは、普段の食生活でのカルシウム不足も影響しているのかもしれません。カルシウムといえば、食が細かった子供の頃、母が作ってくれた煮干しのふりかけさえあれば、いくらでもごはんが進みました。

それを思い出しながら、自分が食べたい味で作ってみます。作り方も煮干し、鰹節、ごまなどの材料を合わせて、フードプロセッサーにかけるだけととても手軽。磯の香りが漂って、食欲が刺激されます。

カルシウムは牛乳・チーズ・ヨーグルトなどの乳製品や、大豆製品などにも含まれているそう。サプリメントもありますが、極力日々の食事で摂取したい。身体からの大小のサインを見逃さずに、こまめに整えていきたいものです。

後日談

料理研究家の重信初江先生に教えていただいて青森の市場で買い求めた焼き干しは、小アジを炭火で焼いて干したもので、うまみが違います。煮干しのように使うのはもちろん、口がさみしいときにそのままばりぼり齧ったり。なんともヘルシーなおやつです。

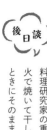

ゴミ出しのこと

ゴミ出し、どうしていらっしゃいますか。私はこれまでゴミ回収カレンダーを冷蔵庫に貼ってその都度確認していましたが、どうもうっかり忘れがちで。そのため今はゴミ出しのタイミングを教えてくれるアプリを使っています。回収前に知らせてくれて、記憶せずとも出し忘れることがなくなりました。

これまでは、各部屋のゴミを回収してまわる手間を省きたくて、ゴミ箱をあちこちに置かずにいました。そう広い家でもないので、キッチンの1か所に集約して、ある程度溜まったら屋外へ。こまめにケリをつけられるので、すっきりします。

現在は、間取りが変わって動線も少し変化したため、ゴミが多く出る洗面所とワークスペースにもゴミ箱を設置しています。洗面所は、髪の毛や空いたシャンプーのボトルなど濡れたものが多いですし、仕事部屋は紙ゴミが大量に出るからです。

キッチンは、ゴミ箱を設置する代わりに、S字フックにレジ袋を吊るしています。少量ずつまとめてその都度屋外のゴミ箱に入れにいけば、ゴミ出しもそう負担にならないと気づきました。

調理中に出る野菜くず入れは、読み終わった新聞紙で箱を折ってためておきます。鋏や糊などの道具は不要。新聞を二つ折りにした状態から折るか、もしくはチラシを利用すると、程よい厚みと大きさの簡易ゴミ箱になります。調理後に中身ごと丸めてゴミ袋に捨て、可燃ゴミに出しています。

幼い頃に習った折り紙が、数十年経っても生きているというのは、なんだか感慨深いものですね。紙のゴミ箱はにおいの元となる水分を吸ってくれるので、気温が高い季節にも大活躍してくれます。

後日談

結局、キッチンの作業台の右側にゴミ箱を置きました。ゴミ箱を外に出すことにためらいがありましたが、キッチンと同色にしたためそう目立たず、なにより作業中にゴミを捨てる動線が劇的に向上したので大満足です。重くならないよう45Lゴミ袋を愛用。

白髪とつき合う

30代半ばから白髪染めをしていて、アレルギーを発症してしまいました。

10年ほどヘアカラーで染めているうちに髪質が急激に悪化して、パサパサと艶がなくなったため、1年ほど天然原料の白髪染めのヘナに切り替えていました。髪質が改善して最初は喜んでいたものの、そのうちにヘナも合わなくなってしまい、再びヘアカラーへと舞い戻ることにしました。

そうしたら、薬剤を塗っているそばからピリピリして、その後も1か月ずっとかゆみが止まらないのです。2回目は頭皮につかないように塗ってもらったにもかかわらず、同じ症状になって、さらには顔と身体にまでかゆみが出てしまいました。

すわ一大事とかかりつけの皮膚科に駆け込んだところ、頭とそれ以外の部位は別々のアレルギー症状で、頭はヘアカラーに含まれるジアミンが原因で、顔と身体はこのところ患者数が増えている原因不明の皮膚炎という診察結果でした。

お医者様によると、かゆみは痛みなどと比べて我慢しにくいそう。結局、薬用シャンプー、飲み薬、塗り薬3種（頭、顔、目のまわり用）を出してもらって、ようやく症状が落ち着いたところです。

これまでにも、疲れやすくなったり、うっかりが増えたりと、様々な身体の変化がありましたが、こうなるとますます予測不能。グレイヘアは私にはまだ早いように思えるので、ヘアマニキュアへ移行してしばらく様子を見ることになりそうですが、どうしたものかという心境です。

身体の変化で、選択肢が狭まること。きっと、これから何度も直面するのでしょう。スペシャリストたちの知恵を借りながら、果敢に対応していくしかありませんね。

後日談

ヘアマニキュアを1年ほど続けて、その後、おそるおそるオーガニックカラーを試したら、今のところ大丈夫なようです。髪問題にはずっと悩まされているので、もう慣れっこ。その時できる範囲でなんとかやっていきます。

お肌をいたわる

美容系は、肌質が似ている友人の情報が心強い。ちょうど買い替えるタイミングで、情報をもらってすぐに購入ボタンを押したことも多々あります。

私はゆらぎやすい薄手の乾燥肌で、肌のしぼみ、たるみ、シミ、しわ、毛穴の開きなど、自分の肌と向き合うのを投げ出したくなるくらい、たくさんの悩みがあります。

この頃のスキンケアは、ちょっとお高めの導入美容液の後に安価な化粧水をたっぷり入れるかシートマスクをして、美容液はいいもの（今は「オバジC25セラムネオ」）を使い、あとは軽く乳液を塗るだけ。それなりのお値段な分しっかり効果が出るものと、お値段を気にせずふんだんに使えるものでメリハリをつけています。

スキンケアもメイクアイテムも、基本的には今あるものを使いきってから、次を買うようにしています。いくつも並行して使うと長期保管により雑菌の繁殖などの心配ごと

が出てくるのと、そもそも複数あっても使いこなせず、置き場所もないからです。だから、アイカラーと口紅を除いては、ほぼ1種類につき1つずつです。

私の美容の教科書は、長井かおりさんの『必要なのはコスメではなくテクニック』で、本の通りに化粧水をこれまで使っていた2～3倍量使ってゆっくり手で押し込むようにしたら、お肌がふっくらみずみずしくなりました。そして、深く刻まれていたほうれい線も、少しずつ改善されてきたようです。

お肌は元々の肌質はもちろん、仕事や趣味、生活環境などによってもまちまちなため、まわりと比べて若いかどうかは気にしても仕方ない。現に私は骨格のせいか、小学生の頃からうっすらほうれい線がありました。だから、自分基準で「そう悪くないかな」と思えればそれでいい。正解のないことは、ある程度のところで線引きして、苦しさの底なし沼にハマらないように気をつけています。

後日談

洗顔フォームや化粧水、乳液、ついでにシャンプーとコンディショナーも、乾燥性敏感肌向けのブランドである、花王のキュレルと全薬工業のアルージェを使っています。UV下地は同じく敏感肌向けのラロッシュポゼがいい。どれも私のお肌の救世主です。

登山のご褒美

「あぁ、山へ行きたい」

トレッキングを趣味にしている陶芸家の友人がうっとりとつぶやきます。籠り仕事だと、山歩きをしているときがいちばん楽しいそうで、「山のことばかり考えているの」と、恋をしているような目で話してくれました。

私自身も、10年以上緩やかにトレッキングをしています。30代前半の頃は、国内で数日間の縦走をしたり、スウェーデンの国立公園で開催された子供や犬も参加しているトレッキングレース「フェールラーベン・クラシック」に出場したりとアクティブに活動していました。

ところが、平日の慌ただしさのしわ寄せで、いつのまにか〝週末は家でゴロゴロ派〟になり、すっかり運動不足に。いけない、これではますますムーミン体形になってしまう。心身の健康のためにも、また少しずつ山へ行くようにしています。

「やりたい気持ちはあるものの、少し億劫に感じる」ことは、まずご褒美をたくさん用意して、次に億劫なポイントをひとつずつ取り除きます。私の山のご褒美は下山後の温泉と道の駅パトロール。数時間歩いたあと、温泉で汗を流してしっかり疲れを取り、道の駅に立ち寄って新鮮な野菜や果物を手に入れる。ご褒美につられて、ちょっと頑張ってみようかなと思えます。同じく登山好きな友人は、早朝に家を出るのにさらに早起きしてお弁当を用意するのが負担になっていました。

そこで、自分では作らずに山小屋や近くの食堂で地元の料理を食べようと決めたら、億劫さがきれいさっぱりなくなって、楽しみも増したそうです（私も同じです！）。

山と温泉は、浮世のあれこれをしばし忘れられる、最高の組み合わせ。年齢にかかわらず長くつき合える趣味だから、これからゆっくりと取り組んでいきたいです。

後日談

山歩きは一人でも行けて、お天気や自分のコンディションを見てフレキシブルに行先やコースを選べる。自然の中でリフレッシュもできるから、忙しい現代人にはおあつらえ向きの趣味です。引き続き月に2回くらいのペースで楽しく歩いています。

大人の聴講生生活

期末のレポート提出と長文暗唱の試験をもって、聴講生の1年間が終わりました。家庭と仕事にさらに大学での「学び」が加わって、細胞がすっかり組み変わったよう。大きなターニングポイントになった1年でした。

授業がある日の1日のすごし方は、午前中に仕事をして、週3日は午後に大学へ行くというサイクルです。おかげで、仕事5割・学び3割・遊び2割という、自分にとって丁度いい時間配分も見つけられました。予想していた以上に充実した1年だったため、次年度に発表されるシラバスと時間割次第ですが、できればこのまま大学での学びを継続したいと考えています。

フリーランスの私は、これまでは24時間365日、自分の裁量でスケジュールを決めていました。ところが、自由度の高さゆえに、自分を律していくのは時に難しかった。

それが、大学へ行く時間を捻出するために仕事時間をぎゅっと凝縮し、授業期間中には長期旅行や出張は極力入れず、習い事の数も大幅に絞りこんで、すっかり大学を中心にした生活になりました。

何より幸せだったのは、「学び続ける私」になれたことです。語学の上達は遅々としているものの、大学という環境に身を置いていることや、授業への参加を通じて、これまで知りえなかった柔軟な価値観や発想力を少しずつ吸収しています。休み中は、台湾好き仲間との語学自習会に参加しながら1年間の授業の復習をして、次年度に繋げていくつもりです。

「どんなにゆっくりとでもいいから、細々とでも続けるの。0が1になるってすごいことよ」。友人の言葉を胸に、2年目の聴講生生活を待ち望んでいます。

後日談

2年目はコロナウイルスの流行のため、このとき通っていた大学は聴講生の受け入れを全面的に中止。そのため語学の勉強は1年間おあずけとなりました。代わりに別の大学でお金の勉強をすることに。オンラインでの授業実施がありがたかったです。

関西・お笑いの旅

以前、神戸出張の後に、大阪へ立ち寄りました。仕事で長年お世話になっていた方が「吉本新喜劇」にのめり込んでいて、熱量たっぷりにその話をしてくださるから、一度劇場で鑑賞してみたいとお願いしたのです。

お弁当を食べながら、満席の劇場ですごした数時間。著名な芸人さんたちのプロフェッショナルな話術や間合いと、上手に編まれたストーリーに引き込まれて、お笑いに明るくない私も始終げらげらと笑いっぱなしでした。

大阪は、さすが商人の街ですね。賑やかに栄えていて海外からの観光客も多く、居るだけで気持ちが高揚します。人と人の距離感も東京とは違い、ふいに声をかけられたり大らかに接していただいたりして、心が温まりました。

そういえば普段は、見知らぬ人と何気ない会話を交わすことって、少ないなぁ。

平日はとにかく時間の流れが速くて、仕事でも私生活でも、最短の道筋で最適解を求めがちです。特に私は仕事も趣味もほとんど家の中で完結するので、1日中誰とも会わず話もしないこともしばしば。そのため、一人で時間に追われて、一人で煮詰まってしまいます。

せわしなくしていて忘れてしまっていることが、あるのかもしれない。そして無意識のうちに、プレッシャーやストレスも積み重なっているのでしょう。

旅をしている間だけは、置かれている状況や抱えているものから物理的に距離を取ることができます。たまには休んだり大笑いしたりして、息抜きしながらすごしていこうと気づけたのは、大きな収穫でした。働き方や人との距離感、笑いの大切さについて、深く考えさせられた旅でした。

後日談

別の知人が吉本新喜劇の人気キャラクター「すち子」のTシャツがあると教えてくれて、もちろん購入。週末午前中に集中して家事をするときのユニフォームになっています。うーん、すち子かわいいなぁ。

いちごムース

雑誌でもたびたび紹介されている、整然とした美しいお宅にお招きいただきました。集った面々は、家主であるグラフィックデザイナーの葉田いづみさんとお菓子研究家の福田淳子さん、料理研究家の角田真秀さん、音楽家の良原リエさんら。子供たちは会ったばかりだというのにすぐさま意気投合して、プラレールで夢中になって遊んでいます。そして、大人たちは持ち寄った食べ物を囲んで、和気あいあいと語らっていました。

宴もたけなわな頃に、良原リエさんによる、アコーディオンの演奏が始まりました。バースデーソングです。そのうちのひとりが誕生日だったために、福田淳子さんお手製のいちごのムースケーキがふるまわれて、歓声が上がりました。

実は私、いちごのムースが大好物です。子供の頃に母が作ってくれた味が忘れられず、自分でも作ってみたいと、雑誌に掲載されていたレシピを切り抜いて、もう25年も保管しているほどです。

いちごは、ハウス栽培がさかんで冬から春にかけて出回りますが、実は4・5月が旬なのですね。ただし、出荷量が最も多いのは12月。クリスマスケーキに使われるためだそうです。

記憶の中のムースは、生クリームと砂糖をしっかり入れたリッチな味でしたが、今の家おやつはヘルシー傾向のため、レシピをアレンジしてヨーグルトで軽さを出したり、すりつぶしたミントを入れたりして作っています。

自分が好きな味で、自分のためだけに作るおやつ。プロセスの一つ一つが楽しくて、心が躍ります。母はどのような気持ちで、子供におやつを作ってくれていたのだろう。そう懐かしく思い出しながら、いちごのムースをスプーンですくい、口に運びました。

後日談

いちごの定番おやつは、このムースと、カノウユミコさんレシピの甘酒いちごアイス。パンや焼き菓子で小麦粉を摂取しすぎているので、手づくりおやつは粉抜きで。冷やし固めたり凍らせるだけのおやつは、隙間時間にパパっと作れます。

ドイツからの贈りもの

ドイツに住む友達から、12月に飲むアドベントティーと、ドイツ菓子が届きました。そのお茶を飲みながら、遠い街に暮らす彼女との不思議な縁に思いを馳せています。

彼女とのつき合いは、もう10年。旅の前に「私も同じ時期に、ドイツから北欧へ行くので会いませんか」とSNSでメッセージが届いて、見知らぬ彼女と旅先の北欧で会うことになったのがきっかけです。旅先で1日すごして、好きなものが似ていたために意気投合。それ以来、里帰りの際にわが家に泊まってもらったりしながら家族ぐるみで交流を続けています。

人づき合いは、正直得意とは言えません。忙しいと連絡を後回しにしがちで、状況が変わったり、たまたまタイミングが合わなかったりと、大きな理由はないのに、なんとなく途切れてしまった人もいます。でも今はSNSなどのおかげで、友人知人と緩やかにつながりを保てるようになりました。

年齢を重ねて、頻繁に会うことだけが仲の良さではないと気づけたのも大きかった。ドイツ在住の彼女と会えるのは、1年か2年に一度がせいぜいですが、それでもなお、変わらず大切な存在です。

大人になって、答えが出ない物事に直面することが増えて、友達はもちろん夫や家族にさえも相談せずに、自分の中で消化するようになりました。でも、友達が辛いときは、話くらいは聞かせてほしい。外に出て雰囲気のいいお店ですごしたり、人に会うことが特効薬になったりもします。思いやりのある人ほどひとりで抱えこみやすいので、ぜひ頼ってほしいです。

好奇心旺盛で愛情深い友人たちは、私の宝物。今後も風通しよく、関係を続けていけますように。

後日談

彼女がしばらく帰国できていないので、荷物を送りました。一保堂のほうじ茶やひじき、切干大根にマッターホーンのクッキー、そして私が選んだお菓子も色々。交換便のお返しに、また冬にシュトーレンやバウムクーヘンを送ってくれるそうです。

祖母との思い出

先日祖母が亡くなりました。認知症が進み、大腿骨を骨折したのをきっかけに施設にお世話になっていましたが、90歳の誕生日を迎える直前に息を引き取りました。

この7年間、両親と交互に月に一度お見舞いに行っていましたが、両親も歳を重ねて、片道2時間の道のりはもちろん精神的にも負担が大きかったはず。喜怒哀楽さえも薄らいでいく祖母と会うたびに両親が悲しみにくれる姿を目のあたりにして、親のサポートではなく自分が先立って動かなければと思うようになりました。

そしていつしか、月に一度のお見舞いは私たち夫婦にバトンタッチ。夫にも協力してもらいながらのお見舞いは、家族のつながりを見直す機会になりました。

幸いだったのは、夫が祖父母と暮らした経験があり、家族や高齢者への愛情が深かったことです。数回しか会っていなかった祖母をさりげなく気遣い、高齢者との関わり方

のお手本を見せてくれました。

私は当初、祖母がゆっくりと、着実に死に向かっているのを受け入れられませんでしたが、夫のおかげで「ただ、そばに寄り添うこと」を学んだ気がします。

誰のことも認識できなくなった祖母は、もちろん会いにいっても喜ぶことはありませんでしたが、この7年間は家族が現実を受け入れて、感謝を伝えるための年月だったのかもしれません。最後の数年間を穏やかにすごすことができたのは、施設や病院の方々の細やかなケアのおかげ。今は、感謝の気持ちでいっぱいです。

文章を書くのが好きで、読売新聞主催の随筆の会にも入っていた祖母。私が読売新聞で連載していることを、空の上から喜んでくれればと願っています。

後日談

街の中や映画のエキストラなど、ふとしたときに祖母に似た人を見かけます。もちろん寂しさはありますが、そのたびに祖母がまだどこかで元気にしているのではと思ったりして。私の心に、祖母はいつもいてくれています。

誕生日

「すみません、道に迷ってしまったのですが」

駅に向かって歩いている途中で、大きなスーツケースを転がしながら先を歩いていた女性が、十字路でくるりとこちらを振り返りました。

話を聞くと、携帯電話の充電が切れてしまったために、詳細な住所がわからないまま歩いていたのだそう。幸いなことに私がモバイルバッテリーを持っていたので、彼女にそれを貸して、一緒に歩いていきました。

5分ほどで無事に目的地に到着しました。イギリスから一時帰国中で、高齢者施設に暮らすおばあさまに会いに来たというその女性は、まっすぐな眼差しで何度もありがとうと言い、よかったらお礼をさせてくださいと紅茶の包みをくれました。「ありがとう」だなんて、すがすがしい思いをさせてもらった上に、お礼までいただいて、こちらこそ

感謝の気持ちで満たされました。

ちょうどこの日は私の誕生日。人の役に立てたという嬉しさも手伝って、奮発して自分に真紅のバラを10本贈ろうと思いつきました。お花屋さんで包んでもらっている間に「今日が誕生日で、自分へのプレゼントなんです」と話したら、「おめでとう。実は私も明日が誕生日で。さそり座ですね」と、2割もおまけしてくださったのです。ここでもまた、優しさをいただいてしまいました。

この1年の目標は、当たり前だけどあらためて「自分の利だけを優先するのでなく、人のことも思いやる」とします。やさしい気持ちは巡り巡って、きっと違う形で自分へも返ってくるでしょう。

その夜、いただいた美味しい紅茶とともにバースデーケーキを食べました。いくつになっても、誕生日は嬉しい。晴れやかな心でいいスタートを切ることができました。

後日談
このときのお店は前出の松陰神社前商店街のお花屋さん。よって、このバラも長いこと室内を彩ってくれました。普段は白などやさしい色のスプレーバラを選んでいるので、大人な雰囲気の赤いバラは特別感がありますね。毎年の恒例行事にしてもいいかな。

コミュニケーション上手

最寄り駅へ向かう途中で、大きな梅の木があるお宅を通ります。ある日、その家の方が外に出ていたので、「立派な梅の木があっていいですね」と思わず声をかけたところ、そこから交流が生まれたのです。

そういえば、ここのところ立て続けに「社交的ですね」と言っていただいて、自分ではコミュニケーションが得意ではないと認識していたため、喜びつつも首をひねっていました。

私のコミュニケーションのお手本は、台湾の友人たちです。彼らは愛情表現が豊かで、ふらりと訪れた私をまるで家族のように受け入れて、これでもかと世話を焼いてくれる。いつも、してもらうばかりでお返しができていなくて……と恐縮すると、みな一様に「そんなこと、気にしなくていいのよ。私たちが日本に行ったときはよろしくね」と言います。

そして、彼らが日本に来るからようやく恩返しができると、こちらが腕まくりして待っていても、大したことはさせてくれません。愛情深くて、損得勘定など全くなく、与える喜びを知っている人たち。もしや、イタリアのママンもこんな感じでしょうか。おかげで、身内のように付き合っている人が台湾にも多数います。

もうひとつ、人に気持ちを伝えられるようになったのは、ままならないことが増えたおかげで人や物事と大らかに関われるようになった、その名も「中年力」のおかげでもあるかもしれません。相手を気遣うあまりに一歩引いたり、固くなりがちだったのが、わずかに緩んで素直に好奇心や好意を伝えられるようになり、交友関係もだいぶ広がりました。

節度を持ちつつ自分から心を開いて踏み出す。大人の秘密兵器の「中年力」を、大事に生かしていきたいものです。

後日談

中年とは40代から50代半ばまでを指すそうで、つまり今の私は中年真っ只中ということですね。このごろは「軽やかなおせっかい」を心がけていて、押しつけがましくない程度に手助けしたり、気を配れる大人でありたいと願っています。

Part 6

暮らしの新陳代謝

パーソナルカラー診断

何年か前から、「パーソナルカラー診断」という言葉を耳にするようになりました。肌の色をイエローベース、ブルーベースと大きく2系統に分けて、それによって似合う色の提案がなされていたことは知っていましたが、〝パーソナルカラー診断で、自分に似合う色を見つけましょう〟などといった特集もたびたび組まれています。そこで、遅ればせながらインターネットで自分のカラーを調べてみました。

これは髪と瞳、肌の色をもとに、各々に似合う色相・彩度・明度を教えてくれます。つまり、これまでの私の色選びに判定が下されるということ。ドキドキしながら結果を見てみました。

私のパーソナルカラーはサマー。似合う色として、青みがかった明るくスモーキーな色や、こっくりとした色が並んでいました。また、見事なまでにオレンジやベージュ、キャメルや茶色などの秋色カラーは除外されていました。

思い返せば、たしかに黄みがかったベージュは、肌の色がくすんで見えるかもと感じていました。定番色だから誰にでも似合うはずと深く考えずに手に取っていましたが、ベージュとひと口に言っても様々なベージュがあるのですね。勉強になりました。

ちなみに、残念なことにカーキ色も似合う色ではないようです。突然カーキ色が着たくなって今年パンツを購入しましたが、ボトムスは顔から離れているのでなんとかセーフでしょうか。黒も私には強すぎるそうで、ベーシックカラーはネイビーと白、グレーしか選択肢がありません。でも範囲が狭まったのではなく、大好きなスモーキーカラーに挑戦するいい機会だと思うことにしましょう。

このパーソナルカラー診断の結果は、日本人はそこまで大きな偏りはなく、イエローベースとブルーベースもほぼ半々だと聞きました。

今後の買い物は、ぜひとも色に注目してみます。

ピンチをチャンスに

暮らしのことや、仕事のこと、人間関係など、いつも順風満帆とはいきません。「なんだかいい波に乗れていないな」と危機感を感じたことも何度かありましたし、「自分らしさって?」と模索した時期もありました。

それでも諦めずに奮闘していると、あるとき突然ふっきれて、かえっていい結果になります。ピンチだと、できることをひねり出して捨て身で変革する。壁にぶつかった時こそ、変われるチャンスだと思っています。

新型ウイルスの流行でこれまでの生活様式や楽しみを手放さざるを得なかった時も、「じゃあどうしたら」と、次に踏み出すべき一歩を探っていました。これだけのことがあったからには、ただでは起きないぞという心境です。ロストジェネレーション、氷河期世代と言われつづけて、時代が後押ししてくれたことはほぼありませんでした。そのためか、私たちの世代は意外とタフなのかもしれません。

まず、気持ちが塞がないように、できたことを大きなことから小さなことまで手帳に書き出しました。それが思いがけずたくさんあって、「大丈夫、きっとやっていける」と自分を鼓舞できた。そこで、ちょっと気持ちが浮上したところで、仕事や暮らし方の改善点と、その打開策を考えました。

また、ワイドショーのように堂々巡りで不安だけがつのる情報にはあえて触れずに、同世代や年下で、人よりも一歩先を見ながら動きつづけている柔軟な方たちが、どう行動するか注視していました。

その結果、「生活と心身の健康を、守り抜こう」という答えが出ました。これまで、仕事人間な側面がありつつも家族や生活を優先してきましたし、これからもそうやっていくのだと。それに気づいたら、不安やもやもやがきれいに消えました。大事なものをひとつ選んでそれだけをしっかり握りしめて、あとはなりふり構わず必死にやっていくだけです。

そうしたら、たとえつまずいても失敗とはとらえないはず。だって、ピンチはチャンスの種なのですから。

健康管理は食事から

健康管理は、日々の食事から。

ダイエットのために、「あすけん」アプリで食事の記録をつけています。食べたメニューを入力するとカロリーが出て、毎食ごとや1日の摂取カロリーを把握できるうえに各栄養素のグラフも表示されて、さらに食べ方のアドバイスまでもらえます。自分では野菜をしっかり摂っているつもりだったのに、記録をつけてはじめて朝昼の野菜が足りないとわかりました。そして、お菓子のカロリーの高さにも愕然としましたね。ヘルシーだろうと安心して食べていたオートミールクッキーが、1枚あたり77キロカロリーもあるなんて……。2枚、3枚とパクパク食べていたら、そりゃあ太るはずですね。

数年前から、記録したり途絶えたりを繰り返していましたが、また記録をつけ始めて1か月。毎日の評価はほぼ50点台で、脂質とトランス脂肪酸が多めという結果が出つづけています。

記録をつけてそれぞれのメニューのカロリーを知ると、作るときに調理法を工夫するようになります。また、外で注文する際も、カロリーの表示に目がいくようになって、何も気にせずに食べたり飲んだりしていた頃と比べたら雲泥の差です。

ちなみに、ダイエットはリバウンドしないためにも無理はせず、〝1日50g減らす〟ことを目標にしています。これはNHKの番組で「マイナス3％の奇跡！ ダイエットの超新常識」と紹介されていた考え方で、脂肪50gに相当する300カロリー分を毎日削ると、計算上では1か月あたり1・5kg減になります。

実際に取り組んでみたら、おやつの量を半分以下にして、夕食の炭水化物を削って、ストレッチと少々の運動をしてはじめて、ようやく50g減らせました。お菓子を食べすぎたり運動をサボると、減るどころか増えることもあります。どのようにすると下降曲線に入るかわかったので、あとは持続あるのみ……と言いつつアイスを食べている私です（ちなみに、1か月時点で2kg減りました！）。

身体は食べたもので作られる。つまりは、今後の健康も食事次第ということ。ダイエット云々ともかくとして、まずは健康的な食生活を目指したいです。

ものを適量持つ

気温が上がり、湿度も高くなると、気にならなかった物量が目につきます。散らかりが暑苦しく感じられて、すっきりさせたくなるのでしょう。

家の中の秩序は「イン」と「アウト」のバランスで成り立っています。「イン」は、物が家に入ってくること。買ったものをはじめ、毎日届く新聞紙やＤＭ、買い物をした際にひょいっと渡されるティッシュなども当てはまります。「アウト」は、家から適切に外に出すこと。ものを処分せずにどんどんため込んだら、家はすぐゴミの山になってしまいます。だから適度な新陳代謝、つまりは循環が必要なのです。

私は記憶力が壊滅的にないために、ものを多く持ちすぎないのが性に合っていて、日ごろからシビアに要不要を問うていますが、多忙な時期は目が行き届きませんでした。

そのため、全体的にじわっと物量が増えていたようです。

そこで、冷房をつけて室内が涼しくなったタイミングで、持ち物のチェックに取りかかりました。処分せずとも、しまい方を変えるだけで状況は改善します。また、同じ時期に友人が、何年も使っていないのに処分するのが面倒で取ってあった布団を手放したそうで、「重量のある布類が減ると肩の荷が下りるわね。この機会に下着やタオルなども見直すわ」と、喜んでいました。

計画性なくものをため込んでしまうと、手放すための気力と体力が要ります。そうならないように目配りして「適量」にとどめ、空間に対して物量が多すぎなければ、負担なく持てて、収納術も駆使せずに済みます。だから私は、いつも物量を意識しています。

さて、あなたにとっての「適量」はどのくらいでしょうか。

後日談

わが家で増えやすいジャンルは、服と本、そして食器。その他は食料品や日用品などの消耗品しか買わないので微増程度です。そのため、これら3ジャンルだけ適量に気をつけていて、なんとか家の秩序は保てています。

家庭経済学を学ぶ

大学通い2年目の前期は、科目履修生として現代生活学部で「家庭経済学」と「生活設計論」、「ファイナンシャルプランニング入門」を受講していました。なぜ、経済学部ではなくて現代生活学部を選んだかというと、ウイークポイントの一つである「暮らしのお金」について知りたかったから。どうやら目論見は当たったようで、一生役に立つ有益な知識を得て、実生活にもすぐに取り入れることができました。

教室での授業ができない期間だったために授業はオンラインで行われて、毎週膨大な量の課題が出ました。興味をひいた新聞記事をスクラップして感想を書いたり、金融庁が公開している家庭経済に関するデータを見ることも習慣に。これまでふわっとした肌感覚でとらえていたのが、データという裏付けを元に判断するようになって、おかげで物の見方もだいぶ変わったようです。

私は短期集中講座のつもりで大学に飛び込みましたが、これまで見過ごしていただけで、実はお金について知る機会はあちこちに用意されていました。

たとえば金融広報中央委員会・知るぽるとのサイト、「これであなたもひとり立ちガイド」や「暮らしとお金」の項目はお金の基本を知る手助けになります。また、日本FP協会のサイト内の〝わたしたちのくらしとお金〟でライフプラン診断をしたり、家計の収支確認表やバランスシート、ライフイベント表、キャッシュフロー表などのフォーマットをダウンロードすることもできます。

稼ぐ、使う、増やす、貯める。お金の不安を減らして、よりよい未来を設計したい。そのためにはまず世の中の仕組みや税金、ローン、年金などについての知識を持つことが大切で、それによって老後の不安も少しは小さくなるはずです。

生活のコストを下げることも大いに自衛になる。節約のエキスパートにはなれそうもありませんが、ものを大事にするようにお金も大事にしていきます。

リスクを分散する

毛利元就の「三矢の教え」をご存じでしょうか。元々は〝1本の矢では簡単に折れるが、3本の矢はなかなか折れない〟という自身の息子たちへの遺訓でしたが、現代では「仕事は3本の柱を持つといい」と、ビジネス的な教えにもしばしば引用されています。

この考え方を心に留めて、核となるテーマや強みを探しつづけてきました。かつては「暮らし」と「収納」の二本立てだったのが、今は「暮らしと収納」「旅」「女性の生き方と学び」になりつつあります。興味のあることが多すぎて、もはや、ごった煮状態になっていますが、それもひとつの個性なのでしょうね。

そして今、興味を持っているのは

・仕事や生活向上のための資格取得
・視野を広げる学び（語学）

・趣味（中国茶など）

の3つです。強みやアウトプットできる手段を複数持っていれば、もしもの時に少しはリスクを分散することができるかもしれない。「卵は一つのカゴに盛るな」というアメリカの格言があるように、一方向に伸ばしたり一つだけに絞り込まず、多角形の頂点を引っぱって大きくしていくようなイメージです。この先はきっと、複数の収入源を持つ人も増えていくのでしょうね。

また、キャリア形成には「VSOP」というキーワードがあります。働き方をデザインする指針のようなもので、20代は「バイタリティ」、30代は「スペシャリティ」、40代は「オリジナリティ」、50代は「パーソナリティ」なのだそう。

様々なことに夢中になったり飽きたりした20代。深く掘り下げたいテーマが見つかって、それを核にしようと必死だった30代。そして40代は複数のテーマの組み合わせが、その人の個性になるととらえています。私は仕事柄とせっかちな性格から、人の手を借りずに一人で動いてしまう傾向がありますが、今後は持ちつ持たれつで人の役にも立てるように、人間力を磨いていきたいです。

書店で本を選ぶということ

「本を読まない読書会」に参加しました。

読書会とは、一般的には1冊の課題本を読んで感想をシェアする形が多いそう。私が参加した会は少し異色で、まず各自がくじ引きでジャンルを決めてから、解散して各々書店で自由に本を選び、再度集合してなぜその本を選んだかを皆に伝えるという流れの、およそ4時間の会でした。

私は資格・就職、政治・社会、経済、金融、ビジネス、法律の棚を引き当てましたが、普段そのジャンルはビジネス書の話題書をネットで買う程度。それでも、じっくり見てみると、興味をひく本が何冊も見つかりました。

政治・社会は『14歳からの地政学』（インフォビジュアル研究所）を。地政学とは、地理＋政治のこと。ニュースをより深く読み解きたくて手に取りました。金融は『今さ

ら聞けないお金の超基本』（朝日新聞出版）を。監修者と著者が女性で、生活者としての視点が際立っていたから。弱点を克服するべく、夢中で読んでいます。そしてビジネスの棚からは、『40代で必ずやっておくべき10のこと』（ＰＨＰ研究所）。キャリア半ばにして、著名な人達はどう考え、どう行動したかというエピソードが満載でした。

インターネットで本を購入する場合、目的の本に直接アクセスすることがほとんどで、そのためジャンルも偏りがちです。比較検討して選ぶにしても、口コミを参考にするのがせいぜい。それが、書店では本のデザインが気になって手に取ったり、手書きのポップで推されていて興味をひかれたりと、ネットにはない出合いに溢れていました。

口コミを見て、失敗しない本選びばかりしていては、読めない本がある。もっと目で見て、触れて、視野を広げたいものです。

書店は、スタッフの熱意が伝染します。「本が好き」「この本を読んでほしい」。そんな気持ちがビシバシと伝わってきて、読書とは熱狂なのだとあらためて教えてくれます。だからこそ、書店はなくなってほしくない。なおのこと、書店で本を買わなくちゃと思っています。

これからの自分について考える

数年前に、家族が数年間海外へ赴任するかもという話が、本格的に持ちあがっていました。海外生活をしてみたいという気持ちは以前からありましたが、ちょうど読売新聞で連載を持っていてキャリアを中断したくなかったために、散々悩んだ末に、私は帯同せずに東京を拠点に仕事をして、時々夫のところへ顔を出すのがいいのではと話し合っていました。

それが、最後の局面で海外赴任ではなく長期出張に変わり、夫と1年のうち半分ほど別々に暮らすことになって、次の年には二人三脚の自粛生活。なんと目まぐるしくて、先の読めない展開なのでしょう。先行きが見えず不安な中で、ぴったりと寄り添って、チームとしての信頼感がさらに強まり、家族観も丸ごとアップデートされました。

もしも、今の私があのときと同じ選択を迫られたら、家族と一緒にいるために迷わずついていきます。このように、すべてはタイミングと巡り合わせなのですね。

そして、テレワーク生活を経て仕事観も変わりました。これはもう、細胞レベルで組み変わったかんじです。「やることさえしっかりやれば、どこにいてもいい」という自由。会社員でも通勤する必要がなく、時間や体力に余裕ができ、男女ともに暮らしまわりに手をかけられるようになって、生活の質も向上しました。

たとえば、この先、テレワークという選択肢が定着したら、Wi-Fiと電源のあるキャンプ場でログハウスに宿泊しながら仕事をしてもいい。朝と夕方に自然の中を散歩して、自炊をし、ヨガマットも持ち込んでリフレッシュ。そんな働き方も、夢ではありませんね。また、やる気があれば、短期留学をしながら仕事もできる。フリーランスでも難しいことが、今後は会社に属している人でも叶うかもしれません。

これまで、テクノロジーの進歩により激変する世の中を走ってきました。だから今を生きている人たちは、間違いなく変化に強いはずです。どこにいても何をしていても、私は私。ありがたいことに、そんな自信も少しずつ育っています。

変化を面白がりながら、たくましく生きていきましょう。

おわりに

読売新聞での約3年間の連載を再編集して、書き下ろしも入れて1冊にまとめた本作。その間に家を建てて引っ越し、新居の動線に慣れなくて戸惑い、また一から暮らしを構築し直してようやくペースがつかめたところで、未曽有の出来事であるコロナ禍を経験しました。

家にこもって黙々と仕事をし、料理や家事によろこびや希望の光を見出す日々。もちろん趣味のアウトドアや、友人と会うこともままならず、家族との外食さえお店選びや時間帯を熟考する。八方ふさがりな状況下で、気持ちを奮い立たせるにはどうしたらと模索していました。

そんなときに、何とはなしに見ていたドラマのセリフにあった、「今日のことと、明日の天気のことだけ考えていればいい」という言葉。今、そういうシンプルな生き方がいいなと感じます。この瞬間を肯定することは、過去と未来を受け入れ、肯定するということ。たとえ先が見えなくても、せめて今日は穏やかでいよう。そのようなスタンスで、この先も歩んでいくつもりです。

そして、このようなタイミングで暮らしにまつわる本を出版できたことに心から感謝しています。その前に刊行予定だった書籍の撮影日直前になって、「暮らしの本を先に出したいです」と申し入れたのを快く受け入れてくださった、大和書房の担当編集者・油利可奈さんとカメラマンの西希さんには、感謝してもしきれません。信頼できるチームだったからこそ作れた本です。ありがとうございました。

そして、この本を手に取ってくださった読者のみなさまにも感謝申し上げます。この本を通じて、おうち時間の豊かさを伝えられたら幸いです。

柳沢小実

本作品は、読売新聞の連載「軽やか生活」を加筆修正し、
書き下ろし原稿を加えて編集したものです。

柳沢小実（やなぎさわ・このみ）
エッセイスト、整理収納アドバイザー。
1975年、東京都生まれ。
日本大学芸術学部写真学科卒業。確かなもの選びの眼に定評があり、フェリシモで商品開発なども手がける。暮らしや台湾にまつわる著書は30冊以上にも及ぶ。近刊に『これからの暮らし計画』（大和書房）、『大人の旅じたく』（マイナビ文庫）がある。

だいわ文庫

おうち時間《じかん》のつくり方《かた》
毎日《まいにち》が充実《じゅうじつ》する82の工夫《くふう》

著者　柳沢小実《やなぎさわこのみ》

二〇二〇年一〇月一五日第一刷発行

発行者　佐藤　靖
発行所　大和《だいわ》書房
東京都文京区関口一―三三―四　〒一一二―〇〇一四
電話　〇三―三二〇三―四五一一
フォーマットデザイン　鈴木成一デザイン室
本文デザイン　後藤美奈子
写真　西希（口絵）、著者（本文）
印刷　厚徳社（本文）、歩プロセス（口絵）
カバー印刷　山一印刷
製本　小泉製本
ISBN978-4-479-30837-9

http://www.daiwashobo.co.jp